KB205834

〈말씀과 언약 소책자 시리즈 2〉

성경적 종말론과 하나님 백성의 삶

바른 종말 이해를 위한 두 강의

이승구

도서출판 말씀과 언약

2022

성경적 종말론과
하나님 백성의 삶

초판인쇄 · 2022년 2월 28일/ 2쇄 · 2023년 3월 23일
지은이 · 이승구
펴낸이 · 김현숙
편집인 · 윤효배
펴낸곳 · 도서출판 **말씀과 언약**
　　　　서울시 서초구 동산로6길 19, 302호
　　　　T_010-8883-0516
디자인 · Yoon & Lee Design

ISBN : 979-11-970601-6-8 03230

가격 : 7,000원

성경적 종말론과
하나님 백성의 삶

바른 종말 이해를 위한 두 강의

이승구

도서출판 말씀과 언약

2022

이 책은 언약교회의 익명의 성도와
언약교회의 공동 후원으로 출판이 가능하게 되었습니다.

매주 여러 번 하나님의 말씀을 잘 듣고
그에 근거해서 성경에 충실한 삶을 살기 원하면서,
동시에 이 땅에 개혁파적인 사상이 가득하게 하기 위해
개혁파적인 책들을 출간하도록 도움을 주시는
언약교회 성도들께 감사드립니다.

이런 후원으로
이 땅에 개혁파적인 사상이 가득하게 될 수 있기를 원합니다.

차 례

들어가는 말

이 책은 성도들을 위한 책입니다. 이는 복잡한 종말 문제를 가장 단순히 설명하기 위해 했던 남서울 은혜 교회에서 성도들을 위해 강연한 두 번의 강의를 그대로 풀어 제시한 것입니다. 생생한 강의의 분위기 전달을 위해서 그냥 풀어서 제시하는 방식을 취했습니다. 강연 내용을 푸는 일도 언약교회의 성도인 문정혜 선생님께서 감당하셨고, 이 내용이 여러 분들에게 보급되도록 출판비를 마련한 것도 언약교회의 성도이니, 이 책은 그야 말로 "성도들을 위한, 성도들에 의한 책"이라고 할 수 있습니다.

이 책을 읽고 종말 문제에 대한 더 깊은 이해로 나가 보시려고 하시는 분들은 다음 책들과 좋은 요한계시록 주석들을 참조하시면 좋습니다.

Anthony Hoekema, *The Bible and the Future* (Grand Rapids: Eerdmans, 1979).
　　류호준 역,『개혁주의 종말론』(서울: CLC, 1986).

George E. Ladd, *The Blessed Hope* (Grand Rapids: Eerdmans, 1956).
　　이태훈 역, 『축복된 소망』(서울: 엠마오, 1985).

George E. Ladd, *The Last Things* (Grand Rapids: Eerdmans, 1978).

개정역, 『죠지 래드의 종말론 강의』 (서울: 이레서원, 2017).

Cornelis P. Venema, *The Promise of the Future* (Edinburgh: Banner of Truth, 2000). 박승민 역, 『개혁주의 종말론 탐구』 (서울: 부흥과개혁사, 2014).

남서울 은혜교회 성도들에게 이 강의를 해 줄 것을 요청하셔서 이 책이 탄생할 수 있게 해 주신 남서울 은혜교회 담임목사님이신 박완철 목사님과 행정적 실무를 잘 감당하신 장완익 목사님, 이를 일일이 풀어 주신 문정혜 선생님과 많은 분들이 이 내용을 볼 수 있기를 바라면서 수고하신 언약 교회의 익명의 성도에게, 그리고 평소에 종말론 강의를 듣고 참여하셨던 합신 학우들과 언약교회 성도들께 감사드립니다. 주께서 이 책도 의미 있게 사용해 주시기를 앙기(仰祈)하면서 〈말씀과 언약 소책자 시리즈〉의 두 번째 책으로 이를 발행합니다.

2022년 2월
중순에
코로나 팬데믹 극복을 위해 기도하면서

1

시대의 징조와

마지막에 될 일들

...

여러분들을 만나 뵙게 되어 반갑습니다. 이번에 두 번에 걸쳐서 종말론을 공부하려고 합니다. '이 모든 것의 가장 좋은 출발점이 어디일까'를 생각할 때, 역시 예수님께서 해주신 이야기로 시작하는 것이 제일 좋겠다고 판단되었습니다. 그래서 첫 시간에는 '마태복음 24장'을 중심으로 우리들이 마지막이 될 일들을 어떻게 생각해야 하는가에 대해서 정리해 보도록 하겠습니다. 이렇게 하는 것에는 두 가지 유익이 있습니다. 첫째로는 이 모든 것에 대해서 예수님의 말씀을 가지고 시작한다는 것에 의미가 있습니다. 둘째는 이것이 다른 모든 마지막에 대한 계시의 초석이라는 점에서 의미 있습니다.

요한계시록을 이해하는 가장 기본적인 틀도 예수님께서 이미 주셨던 이 말씀을 가지고 생각하는 것이 좋습니다. "예수님 자신이 교회의 종말론의 토대(the pattern for the Church's eschatology)를 제시하셨다"는 카슨 교수의 말이 옳습니다.[1]

마태복음 24장의 이 말씀과 같은 말씀이 마가복음 13장과 누가복음 21장에도 있습니다. 그것을 우리가 흔히 '소묵시록'이라고 하기도 합니다. 요한계시록과 오늘 우리가 생각할 말씀이 어떻게 연관되어 있는지 연결시켜 볼 수 있

---

[1] D. A. Carson, "Matthew," in *Expositor's Bible Commentary*, vol. 8 (Grand Rapids: Zondervan, 1984), 489.

는 좋은 표현입니다. 또는 이 말씀은 예수님께서 감람산에 앉아서 하신 말씀이므로 '감람산 강화'(the Olivet Discourse)라고도 합니다.

배경 이해

오늘 이야기의 시작 시점은 감람산 맞은편, 즉 예수님께서 예루살렘 성전에 계실 때입니다. 마태복음 24장 1절은 이렇게 시작됩니다.

> **마태복음 24:1**
> **"예수께서 성전에서 나와서 가실 때에 제자들이 성전 건물들을 가리켜 보이려고 나아오니."**

"예수께서 성전에서 나와서 가실 때에" – 이것이 출발점이었습니다. 그때에 제자들이 예수님께 성전의 아름다운 건물들을 가리켜 보이려고 나왔습니다. 그 사람들이 성전에 주의를 집중하려는 것을 예수님께서 아셨습니다. 제자들의 마음은 이 성전의 아름다움을 생각했을 것이고, 이렇게 아름다운 성전이 있을 수 있다는 것에 동의를 구하면서 예수님의 의견이 어떠한지 물어보고 싶었을 것입니다. 그런데 그렇게 성전이 멋있고 아름답다고 이야기하려고 하는 제자들에게 예수님께서는 매우 청천벽력(靑天霹靂) 같은 말씀을 하십니다.

마태복음 24:2
**"대답하여 이르시되 너희가 이 모든 것을 보지 못하느냐?
내가 진실로 너희에게 이르노니, 돌 하나도 돌 위에 남지
않고 다 무너뜨려지리라."**

예루살렘 박물관에 전시된 헤롯 성전의 모델

예루살렘 성전이 아름답고, 이것이 우리 모두 경건 생활의 중심이라고 생각하는 예수님의 제자들의 생각은 당시의 모든 유대인들의 생각의 반영이기도 했습니다. 이 성전이 있는 한 비록 로마가 우리를 점령하고 있어도 우리는 하나님

의 백성이라고 생각하는 것입니다. 예수님의 제자들도 그렇게 생각하면서 지금 이 성전을 예수님께 자랑하려고 합니다. 시간이 있는 대로 방문하여 기도하는 이 성전, 또 큰 절기를 이곳에서 보내는 이 성전, 그것은 우리에게 아주 의미 있는 곳이라고 하는 것입니다. 그런데 예수님께서는 '성전의 멸망'을 말씀하십니다. 그것도 아주 전면적인 멸망을 말씀을 하시는데, 이 구절 이후로는 사람들이 어떤 것을 완전히 새롭게 할 때에 여기서 예수님께서 사용하신 말인 "돌하나도 돌 위에 남기지 아니하고"라는 말로 표현할 정도가 되었습니다. 이 말이 완전한 멸망을 지칭하는 전형적인 어구가 된 것입니다.

이 말을 듣고 제자들은 깜짝 놀라지 않을 수 없었습니다. 그들의 분위기가 어떤지 성경에 구체적으로 나타나 있지 않으므로, 이런 곳에서 여러분이 '거룩한 상상력'을 동원하셔야 합니다. 아마도 그때에서부터, 즉 예루살렘 성전에서부터 감람산에 이르기까지 제자들은 조용하게 걸었을 것입니다. 이것이 소위 기드론 시내를 지나는 일입니다. 지금은 시내[천(川)]를 지나가지 아니하고, 찻길을 통과해서 가지요. 예루살렘 성전이 있는 산, 소위 성전산과 그 맞은편의 감람(橄欖)산, 즉 올리브 동산(the garden of olive)은 사이에 큰 길을 두고 있습니다. 그 예루살렘 성전으로부터 감람산에 이르기까지 제자들은 가면서 아마 매우 조용했을 것입니다. 우리의 모든 경건 생활의 중심인 성전이 무너진다고 하시니, 제자들은 충격에 빠져서 앞으로 어떻게 될 것인지를 생각을 하면서 같이 갔을 것입니다.

기드론 골짜기 남쪽의 모습

현재 감람산의 모습

제자들의 질문과 그들의 전제

드디어 예수님께서 감람산에 이르러 한 곳에 앉으셨습니다. 좋은 기회가 온 것입니다. 그래서 제자들이 예수님께 물어보기 시작합니다. 이때 제자들의 질문에는 자기들 나름의 해석이 담겨 있습니다. '성전이 무너진다고 하셨는데, 그때는 아마도 이 세상이 멸망할 때일 것이다. 세상이 끝날 때에라야 성전이 무너질 것이다.'는 자기들의 해석이 담겨 있습니다. 그래서 이렇게 질문합니다.

마태복음 24:3
"예수께서 감람 산 위에 앉으셨을 때에 제자들이 조용히 와서 이르되 '우리에게 이르소서. 어느 때에 이런 일이 있겠사오며, 또 주의 임하심과 세상 끝에는 무슨 징조가 있사오리이까?'"

조용히 예수님께 와서 묻는 질문은 '어느 때 이런 일이 있겠습니까?,' 즉 '성전의 멸망은 언제 발생하겠습니까?' 하는 것입니다. 그 질문에 계속되는 질문 안에 제자들의 해석이 들어있습니다. "주의 임하심과 세상 끝에는 어떠한 일이 있겠습니까?" 사실 성경을 전문적으로 연구하는 사람들에게는 여기 번역되어 있는 '주의 임하심'이라는 말이 굉장히 해석하기 어려운 말입니다. 직역하면, "당신님의 임하심"(τῆς σῆς παρουσίας)이라는 말이거든요. 그런데 한국 사람들은 예수님을 앞에 놓고 하는 말이므로 이것을 '당신'이라고 말하기 어려웠습니다. 그래서 우리 성경을 번역했던 옛날 어른들은, 이것을 어떻게 번역할까 하다가 일관성 있게 이런 구절들은 전부 '주의'라고 바꾸어 번역해 놓았습니다. 한국 사람들이 누구를 앞에 놓고 '당신' 그럴 때는 그 사람과 자기를 동격으로 취급했기 때문이었습니다. 그래서 결혼하면 남편과 아내가 서로를 '당신'이라고 말하지요. 둘이 동격이라는 것입니다. 그렇지 않으면, 시장판에서 싸울 때 사람들이 하는 말이 '당신'이라고 하지 않습니까? 그래서 원래는 '당신의'라는 말인데, 예수님을 앞에 놓고 하는 말이니, 차마 그렇게 번역할 수는 없어서, 고민을 하면서 '주의'라고 고쳤습니다.

마치 마태복음 16장에서 베드로가 예수님께 대해서 정확하게 대답한 말을 "주는 그리스도이시요, 살아계신 하나님의 아들이십니다."라고 번역한 것과 비슷합니다. 이것이 우리 선배들의 큰 고민이 담긴 번역입니다. 원문은 "당신은 그리스도, 살아계신 하나님의 아들입니다."(Σὺ εἶ ὁ Χριστὸς ὁ υἱὸς τοῦ θεοῦ τοῦ ζῶντος)입니다. 그런데 주님을 앞에 놓고 그렇게 말할 수 없으니까, 고민을 하다가 일관성 있게 "주"라고 번역한 것입니다. 그래서 마태복음 16장에서는 '주는 그리스도시요, 살아계신 하나님의 아들이십니다.'라고 했고, 여기서는 '주의 임하심'이라고 번역한 것입니다.

좋은 번역인데, 문제는 이렇게 번역해 놓으면 우리가 여기에 '주(主)'라는 말이 있다고 계속해서 생각하는 것입니다. 저도 오랫동안 그렇게 생각해 왔었습니다. 이런 문제를 피하려고 박윤선 목사님의 표현을 원용해서 말한다면 '당신님의 임하심'이라고 번역할 수 있습니다. 박윤선 목사님께서는 성부, 성자, 성령을 지칭하실 때에는 언제든지 '당신님'이라는 아주 독특한 말을 사용하셨습니다. 물론 이 말이 한국어 문법에는 맞지 않습니다. 그럴지라도 이런 데서 박 목사님께서 성부, 성자, 성령을 얼마나 높이시는가 하는 것을 알 수 있습니다. 우리도 이런 마음을 가지고, 심지어 이런 말버릇도 따라 하는 것이 좋습니다.

　　여기 예수님께서 임하시는 때가 있다고 제자들이 질문하고 있다는 것 – 이것이 난점(難點)입니다. 이 때는 아직 예수님께서 떠나가지 않으신 때이기 때문입니다. 따라서 제자들이 그것을 의미 있게 생각하는 때가 아니기 때문입니다. 그런데도 이 사람들이 "당신님께서 여기 임하실 때가 있다"는 말을 한다는 것 – 그것은 굉장히 놀라운 것입니다.

　　물론 오늘 우리 입장에서는 쉽게 이해할 수 있어요. 이 세상이 끝날 때는 예수님이 다시 임하시는 때라고 예수님을 믿는 사람들은 누구든지 생각하기 때문입니다. 이것은 참으로 좋은 상식입니다. 그리고 옳은 생각입니다. 그런데 당시 예수님의 제자들이 그렇게까지 생각할 수 있었을까 하는 것은 굉장한 어려운 것입니다. 그래서 이것이 어려운 구절이에요. 그러나 본문이 분명히 그렇게 되어 있으니, 우리는 그것을 그냥 받아들이면 됩니다. 어떤 의미에서 이것도 자기들이 하는 말을 자기들도 모르면서 하는 귀중한 질문의 하나입니다.

　　당신님의 임하심을 말하면서 그때는 "세상 끝"(συντελεία τοῦ αἰῶνος)이라고 합니다. 이 "세상 끝"이라는 말에 대해서는 다음 강의에서 좀 더 집중해서 생각할 것입니다. 오늘은 우선 우리들이 일반적으로 한국에서 사용하는 틀린 개념을 가지고 말해 보겠습니다. 예수님이 다시오실 때 그때에야 세상 끝이 될 텐데, 그때에야 이 성전이 무너질 것이라고 제자들이 지레짐작하면서 질문하는 것입니다.

'이 아름다운 성전이 무너지는 것은 이 세상이 끝날때에 될 것이고, 그때는 예수님이 다시 오실 때입니다.'는 전제를 가지고, "그때의 징조가 무엇입니까?"라고 질문합니다. 이 말로부터 이제 또 하나의 유행어가 나타나기 시작합니다. 그것은 '시대의 징조', 또는 '때의 징조'(the signs of the times)라는 말입니다. 이것은 기독교계에서 오랫동안 사용한 말입니다. 그리고 이상한 종말론이 나타날 때마다 그것을 '캐치프레이즈'(catch phrase)로 하여 이상한 이야기를 하기 시작했습니다. 상당히 많은 사람들이 이 표현과 관련해서 잘못된 이야기를 많이 했기 때문에 "시대의 징조"를 찾는 사람들이 다 이상한 사람인 것처럼 생각되기도 합니다. 그래서 우리는 오늘 성경을 따라서 '종말 시대의 징조'를 어떻게 이해해야 하느냐를 논의할 것입니다.

마태복음 24장의 구조에 근거한 해석

이 이야기를 할 때, 먼저 예수님께서는 4절에서부터 14절까지 예수님께서 이 땅에 계셨던 이때부터 예수님께서 다시 오실 때까지의 그림 전체를 그려주십니다. 일단 4절에서부터 14절까지가 전체적인 그림이라고 하는 것을 이해해야 합니다. 그리고 조금 후에 구체적으로 이야기를 하실 때, 15절부터 22절 앞부분에서는 '예루살렘 성전의 멸망'에 대해서 말씀하십니다. 그리고 22절 뒷부분에서부터 마지막까지 정말 당신님의 다시 오실 때에 대해서 이야기하십니다.

　　　　마태복음 24장의 구조가 이렇게 되어 있다는 것을 정확히 알아야만 사람들이 오해를 안 할 수 있습니다. 다시 말하지만, 우선 4절부터 14절까지에서 예수님께서는 초림부터 재림까지의 상황을 전체적으로 제시해 주십니다.

가장 먼저 하시는 말씀: "미혹을 받지 말라."

그런데 이 이야기를 하실 때 예수님께서 가장 처음에 하시는 말씀이 "너희가 미혹을 받지 않도록 주의하라."는 것입니다(4절). 그래서 소위 종말론에 관한 이야기를 할 때에는 예수님께서 여기서 우리에게 주의를 촉구하신 바와 같이 미혹을 받지 않도록 해야 합니다. 이 말은 상당히 많은 사람들이 미혹을 받으리라는 것을 생각하도록 합니다. 참으로 종말론과 관련해서 수없이 많은 잘못된 생각들이 나타나서 사람들을 잘못된 대로 이끌어 갔습니다. 그것을 예수님께서 미리 보시는 듯합니다. 그래서 예수님께서는 가장 먼저 '미혹을 받지 않도록 하라'고 말씀하십니다.

미혹은 대개 무엇과 관련되어 있습니까? 예수님께서는 "많은 사람들이 내 이름으로 와서 나는 그리스도라 하여 많은 사람을 미혹할 것이다."고 하십니다(5절). 유사 그리스도가 수없이 많이 출몰하게 될 것이라는 말입니다. 이것이 언제부터 언제까지의 특성 중 하나라고 했습니까? 초림부터 재림까지의 전체적인 특성이라고 했습니다. 오늘 그 말씀을 우리가 분명히 해야 합니다. 우리 주님께서 분명히 말씀해 주시는 것은 초림에서부터 재림까지는 거짓 그리스도가 사람들에게 와서 자기가 "그리스도다"라고 사람들을 미혹할 것이라는 것입니다.

이 거짓 그리스도는 크게 나누면 두 종류가 있습니다. 가장 엉터리는 자기가 그리스도라고 주장하는 것입니다. 이와 같은 메시아 사칭(詐稱)자들이 계속 나타날 것이라는 말입니다. 유대 땅에서도 계속 그런 사람들이 나타났었습니다. 예수님 이후에도 유대교 안에서 그런 사람이 나타났었고, 다음에 기독교의 안에서는 예수님이 다시 오신다고 했으니, "내가 다시 온 예수"라고 하는 자들이 나타난 것입니다. 그것이 이른 바 좀 수준이 떨어지는 '메시아 사칭자'입니다. 좀 더 교묘한 사람들은 절대로 자기가 재림 예수라고 하지 않습니다. 그런데 사람들과 관계하면서 다른 사람들이 이분이 재림 예수라고 고백하게끔 분위기를 만들어 놓습니다. 나중에 문제가 되면 그 사람은 "나는 한 번도 내가 메시아라고 해 본 적이 없다", "내가 재림 예수라고 해본 적이 없다."고 말합니다. 그러나 그렇게 하게끔 분위기를 다 만들어간 것에 그의 교묘함이 있습니다. 우리는 이 세상에 이런 두 가지 형태의 거짓 그리스도가 있을 것임을 마음속에 품고, 어떤 사람이 이런 주장을 하더라도 미혹 되지 않도록 해야 합니다. 그렇게 하기 위해서는 4절부터 14절까지가 초림부터 재림까지의 정황을 전체적으로 이야기하는 것임을 분명히 해야 합니다.

초림부터 재림 때까지의 첫째 특성

마태복음 24:6

"난리와 난리 소문을 듣겠으나, 너희는 삼가 두려워하지 말라. 이런 일이 있어야 하되 아직 끝은 아니니라."

첫째로 무슨 일이 있을 것이라고 합니까? "난리와 난리의 소문을 듣겠다."고 합니다. '난리'(πόλεμος)와 '난리의 소문'(ἀκοὰς πολέμων)은 연관된 것이지만 서로 다른 것입니다. 하나는 '난리' 그 자체가 있고, 다음에 '난리에 관한 소문'을 듣겠다는 것입니다. 그리고는 매우 중요한 말 "이런 일이 있어야 하되, 아직 끝은(τὸ τέλος) 아니니라."는 말이 나옵니다(6절). 예수님의 이 말씀이 아주 중요합니다. 이제 그 난리와 난리의 소문이 어떤 것인지 생각해보겠습니다.

마태복음 24:7

**"민족이 민족을, 나라가 나라를 대적하여 일어나겠고, 곳
곳에 기근과 지진이 있으리니."**

"민족이 민족을, 나라가 나라를 대적하여 일어나겠고" –
이 이야기를 듣는 순간 전쟁을 생각하게 되지요? 전쟁이 있
을 것이다. 그리고 곧바로 곳곳에(κατὰ τόπους) 기근과 지
진이 있을 것이라고 합니다. 그러나 "이것이 재난의 시
작"(ἀρχὴ ὠδίνων)이라고 합니다(8절). 재난의 시작이라는
말은 끝은 아직 아니라는 뜻을 함의하고 있지요?

따라서 여기서 우리가 흔히 쓰는 말을 한 마디 고
쳐야 할 것입니다. 상당히 많은 사람들이 그리하는데, 심지
어 정통 교회에서도 이런 말을 하시는 분들이 상당수 있습
니다. "이 세상에 난리가 났고, 기근과 지진의 소문이 났고
하는 거 보니까 이제 종말이야."라는 말들을 많이 하고, 그
런 말들을 많이 듣지요? 그러나 예수님의 말씀에 의하면
우리들은 이렇게 말하면 안 됩니다. 이런 일들이 있어야 하
는데 '그러나 끝은 아직 아니다'(ἀλλ᾽ οὔπω ἐστὶν τὸ
τέλος)라고 하셨기 때문입니다(6절). 그러므로 이 말씀을
우리 마음속에 새기고, 이런 일들이 일어나는 것에 근거해
서 '아, 이런 일들이 있는 것 보니 이제 종말이야?' 라는 말
을 사용하지 말아야 합니다. 이것이 언제부터 언제까지의
상황에 대한 묘사라고 했습니까? 초림부터 재림까지의 전
체 상황에 대한 묘사라고 했지요? 그 중에 첫 번째 정황이
난리와 난리의 소문이 계속 있는 것이라고 했습니다. 이런

일은 1세기에서부터 계속 있는 것입니다. 기근, 지진도 계속해서 있는 현상이라는 것을 마음에 새겨야 합니다. 이것이 초림부터 재림까지의 첫 번째 특성인 난리와 난리의 소문, 즉 전쟁, 기근, 지진 등에 대한 내용이었습니다.

초림부터 재림까지의 둘째 특성: 환난

마태복음 24:9
"그 때에 사람들이 너희를 환난에 넘겨주겠으며 너희를 죽이리니, 너희가 내 이름 때문에 모든 민족에게 미움을 받으리라."

두 번째 특성은 특히 믿는 사람들과 관련된 일입니다. 그때의 사람들이 너희를, 즉 예수님의 제자들을 환난에(εἰς θλῖψιν) 넘겨준다고 했습니다. 그런데 '너희'라는 말은 일차적으로는 그 자리에서 예수님의 이야기를 듣고 있는 제자들을 말하는 것이지만, 잘 생각해 보면 그들만이 아니라 앞으로 예수를 믿는 사람들을 다 포함하는 포괄적인 말입니다. "너희를 환난에 넘겨주겠으며, 너희를 죽이리니, 너희가 내 이름 때문에 모든 민족에게 미움을 받으리라."

여기서 언급된 "너희"를 '유대인'이라고 생각하는 사람들이 상당히 많이 있었습니다. 유대인들이 모든 민족들에게 미움을 받게 된다는 이야기라고 하는 것입니다. 그러나 이는 그런 이야기가 아닙니다. 예수 그리스도를 믿는 사람들이 예수를 믿는다는 것 때문에, 그리고 예수님 때문에 이 세상에서 미움과 어려움을 받게 되는 일이 있으리라는 것입니다. 그 일을 성경에서 '환난'(θλῖψις, tribulation)이라고 했습니다. 이것은 '환난'이라는 "어려움 또는 고난"이라는 일반적인 말을 가지고 만든 독특한 개념입니다. 문자적으로 '환난'은 어려움입니다. 앞부분에서 "난리와 난리의 소문이 난다"고 했지 않았습니까? 이 세상 모든 사람들이 난리 속에 있는 것, 그것이 일반적인 의미에서 환난입니다. 그런데 기독교인들이 점차 '환난'이라는 말을 특히 예수님을 믿는 사람들이 당하는 어려움을 지칭하는 독특한 용어로 쓰기 시작했습니다. 이 세상 전체가 어려울 뿐만 아니라, 예수를 믿는 사람들이 환난 가운데 있다는 것입니다.

언제부터 언제까지 믿는 사람들이 환난 가운데 있습니까? 초림에서 재림까지 우리의 삶 전체가 그렇다는 것입니다. 시간이 지나면서 기독교적 영향력이 커져서 예수님을 믿어도 어려워지지 않으니까 사람들이 이것을 잊어버린 때가 있었습니다. 유럽에서는 중세 때 이런 사실을 상당히 잊어버렸었어요. 그럴 만하면 페스트 같은 것들이 나타나서 어려움 가운데 있게 되었습니다. 물론 그것은 독특한 의미의 '환난'이 아닙니다. 모든 사람들이 다 당하는 일반적인 '고난'이었지요. 환난은 무엇입니까? 종교개혁이 일어나고, 개혁자들이 하나님의 말씀을 따라서 성경대로 믿고 성경대로 예배하자고 했을 때 그 사람들을 잡아 죽이고 여러 어려움을 주는 일들이 많았습니다. 그런 것이야말로 환난입니다. 자기도 예수님을 믿는다고 하는 천주교도들이 개혁자들이 말하는 성경적 방식으로 예배하는 것은 안 된 다고, 그런 식으로 믿는 것은 안 된다고 하면서 잡아 죽이고 어렵게 하는 일이 일어났습니다. 그와 같은 것이 본문의 10절이 말하는 것과 비슷한 상황입니다.

> **마태복음 24:10**
> **"그 때에 많은 사람이 실족하게 되어**
> **서로 잡아 주고 서로 미워하겠으며."**

이렇게 환난에는 이 세상이 우리에게 주는 어려움일 뿐만 아니라, 잘못된 교회 공동체가 서로 잡아 주는 일도 포함됩니다. 1세기, 2세기, 3세기에 많은 그리스도인들이 환난 가운데 있어서, 예수님을 믿으면 감옥에 갇히기도 하고 죽임을 당하는 일들이 나타났습니다. 그런 것이 환난이었습니다. 종교개혁 시대 때 개혁자들을 따르는 사람들은 천주교 지역에서 형벌을 받고 심지어 화형도 당하고 린치도 당하거나 하는 어려움 가운데 있었습니다. 그런 것도 환난의 하나입니다.

　　우리 시대에도 수없이 많은 사람들이 예수님을 믿는다는 것 때문에 어려움을 당하고 있습니다. 그래서 우리도 환난의 의미를 어느 정도 알 수 있습니다. 우리는 우리 선배들이 이런 환난을 많이 경험했던 것을 잘 압니다. 서구 사람들에게 오랫동안 '예수님을 믿기 때문에 당하는 환난'

이 없어서 그런 환난이 없는 것처럼 생각하는 것처럼, 우리나라 교회들도 지난 몇 년 동안은 환난이 없었기 때문에 환난이 없는 것처럼 생각하는 일에 익숙해져 가고 있습니다.

그러나 환난이 믿는 사람들에게 계속 있을 것이라는 것이 초림부터 재림까지의 큰 특성의 하나입니다. 참된 성도들은 늘 환난 가운데 있습니다. 무릇 예수 그리스도 안에서 정말 경건하게 살고자 하는 자들은 "박해를 받으리라"라는 말을 우리는 성경 곳곳에서 듣게 됩니다(딤후 3:12; 마 5:10; 막 10:30; 고전 4:12; 고후 4:9 등 참조). 그러므로 우리는 이런 일을 당할 때 이상히 여기지 말고 준비된 사람들답게 대처해야 합니다.

초림부터 재림까지의 세 번째 특성: 거짓 선지자들의 출현

초림부터 재림까지의 세 번째 특성은 무엇입니까? 11절이 이야기하는데, 거짓 선지자가 많이 일어나 많은 사람들을 미혹할 것이다. 이것이 세 번째 특성입니다.

마태복음 24:11
"거짓 선지자가 많이 일어나 많은 사람을 미혹하겠으며."

거짓 선지자들, 잘못된 가르침을 가르치는 사람들, 그래서 이 세상 안에서 사람들을 미혹된 길로 인도하는 사람도 있을 것이고, 특별히 교회 공동체 안에서 사람들을 잘못된 길로 인도하는 사람들이 나타나게 될 것입니다. 성경이 말하는 가르침 이외의 또 다른 계시가 있다고 하는 사람들은 모두 거짓 선지자입니다. 하나님께서 요한계시록까지의 계시의 모든 말씀을 다 주시고 이제는 새로운 계시가 있지 않도록 하신 이 상황에서 "우리에게 새로운 계시가 주어졌다"고 하는 모든 것은 다 거짓 선지자의 말입니다. 우리 시대에도 그런 말들이 도처에서 들립니다. 거짓 선지자의 가르침이 무엇입니까? 일차적으로, 새로운 계시가 주어졌다고 하는 것이 거짓 선지자의 가르침입니다. "내가 하나님으로부터 무슨 계시를 받았다, 새로운 계시를 받았다"고 하는 사람들은 자기가 새로 받았다는 계시를 중심으로 성경을 해석합니다. 또한 새로운 계시를 받는다고 말하지는 않는다고 해도 성경을 다 믿지 않거나, 성경을 잘못 해석해서 사람들을 호도하는 사람들도 거짓 선지자들입니다. 이런 것이 이 세상 가운데 나타나는 아주 악한 현상입니다.

초림부터 재림까지의 네 번째 특성:
불법의 성함과 사랑의 식음

마태복음 24:12
"불법이 성하므로 많은 사람의 사랑이 식어지리라."

'불법'이라고 하는 것은 '아노미(anomie, $\dot{\alpha}\nu o\mu\acute{\iota}\alpha$)'를 말

합니다. 그러니까 법이 없는 것입니다. 그것은 성경 가운데에서 언제나 죄를 지칭하는 말입니다. "죄는 불법이니라"(요일 3:4) 나중에 요한이 그렇게 이야기하지요? 죄라고 하는 것의 성격은 '아노미아'(ἀνομία), 즉 불법입니다. 그러므로 불법, 즉 죄가 성하게 되겠다고 합니다. 그래서 이 세상 역사는 재림이 가까워 올수록 점점 불법이 성행한다는 말입니다.

그러면서 사랑이 점점 식어진다고 했습니다. 이 세상은 워낙 불법이 성행하고 진짜 사랑을 안 하기 때문에, "많은 사람의 사랑이 식어지리라."는 말은 어떤 의미에서 교회 공동체에 관한 이야기일 수도 있습니다. 교회 공동체는 죄를 멀리해야 하는 공동체인데, 점점 교회 공동체 안에도 불법이 성한다, 즉 죄가 증진해 나간다고 하고, 교회 공동체조차도 사랑이 점점 식어진다고 이해할 수도 있습니다. 그러므로 특히 이 "사랑이 식어진다"라는 말과 관련해서 모든 시대의 교회는 스스로를 잘 점검해야 합니다. 우리가 과연 그런 상황 가운데에 있지 아니한가를 생각해야 합니다.

지금까지 이야기가 다 나쁜 이야기였습니다. 다시 한 번 정리한다면, 난리와 난리의 소문이 있다고 했지요? 전쟁, 기근, 지진 등이 계속되어 초림에서부터 재림까지 어려움이 있다고 했습니다. 그런 상황에서 우리들은 끝까지 견뎌야 합니다. 예를 들어, 지금 우리에게 주어진 코로나 바이러스 상황 가운데서 우리는 잘 견뎌야 됩니다. 코로나 바이러스는 환난은 아니지요. 이 세상이 같이 겪고 있는 어려움입니다. 그 안에 믿는 사람들에게는 아주 독특한 어려움, 즉 환난이라는 것이 늘 있습니다. 시기적으로 각 지역마다, 각기 다른 환난이 있을 수 있습니다. 그때 참된 성도들은 끝까지 견뎌야 합니다. 그리고 세 번째, 거짓된 메시아들이 나타나고 거짓 선지자들이 나타날 때, 그들의 가르침을 따라가지 않는 것도 끝까지 견디는 것의 한 측면입니다. 사람들은 죄를 향하여 나아가고, 사랑을 하지 않으려고 하는데, 참으로 견디는 사람은 죄에 저항하고 참된 사랑을 합니다.

이 상황 가운데에서 교회 공동체가 해야 할 일은 무엇입니까? 계속해서 죄에 저항하고 사랑이 우리 공동체 안에서 넘쳐나야 합니다. 만일 우리들이 이렇게 한다면 우리들이 예수님의 말씀을 따라서 끝까지 견디는 사람이라고 할 수 있습니다. 그러나 끝까지 견뎌야 하니 어떤 의미에서는 이것도 나쁜 이야기의 한 부분이라고 할 수 있습니다. 그런데 유일하게 좋은 소식 하나가 여기서 나타납니다.

초림부터 재림까지의 다섯 번째 특성: 천국 복음의 선포

마태복음 24:14
"이 천국 복음이 모든 민족에게 증언되기 위하여 온 세상에 전파되리니, 그제야 끝이 오리라."

초림에서부터 재림까지의 성격 중에 유일하게 긍정적 성격이 무엇입니까? "그 천국 복음"(ὁ εὐαγγέλιον τῆς βασιλείας)이 모든 민족에게 증거되기 위해서 전파되는 것입니다. 이 표현에 주의하세요. 천국 복음이 '전파' 될 것입니다(κηρυχθήσεται, shall be preached). 왜 그리합니까? 모든 민족에게 "증거가 되기 위해서"(εἰς μαρτύριον, for a witness)입니다. 그러면 어떤 사람들은 그 천국 복음을 듣고 믿어서 천국, 즉 하나님 나라 안으로 들어오게 됩니다. 그러나 어떤 사람들은 그것을 거부하고 하나님 나라와 관련 없이 삽니다. 그럴지라도 그것이 그 사람들에게 증거가 됩니다. 그래서 "증거되기 위하여서 전파된다."고 표현하셨습니다. 이것은 다 믿게 된다는 말이 아님에 주의하십시오. 선포는 모든 민족들에게 주어지고, 그것이 그들에게 증거가 된다는 말입니다.

이런 모든 일들이 다 이루어지고 나면 "그제야 끝이 오리라"(τότε ἥξει τὸ τέλος)고 합니다. 다시 한 번 끝이 강조됩니다. 그러니까 초림에서부터 재림까지가 전부 우리에게는 어려움의 시기입니다. 그러나 그 시기가 아직은 끝이 아닙니다. 이 어려움의 시기에 우린 끝까지(εἰς τέλος) 견뎌야 합니다. 그렇게 견디면서 해야 할 긍정적인 일이 바로 천국 복음을 전하는 일입니다. (그래서 다음 강의에서 우리가 집중해서 생각하려고 하는 것이 우리가 전파해야 할 "천국 복음이 무엇인가?" 하는 것입니다. 기독교 종말론에서 제일 중요한 이야기가 그것입니다. 그리고 사실, 옛날 많은 사람들이 이 천국 복음이란 말을 오해하게 해 왔습니다. 그래서 우리가 다음에 한 시간을 따로 떼어 내서 집중해서 살펴볼 것입니다.)

우리들은 지금까지 4절에서부터 14절까지에 언급된 초림에서부터 재림까지의 정황을 생각했습니다. 이것을 머리 속에 잘 넣어 놓아야 합니다. 초림에서부터 재림까지가 다 이런 특성을 가지고 있습니다. 그런데 끝이 가까울수록 이것이 집중된 형태로 나타나리라고 합니다. 그러나 그것도 초림부터 재림이라는 기간이 전체적으로 이런 성격을 가지고 있다는 토대에서 이해해야 합니다. 그러므로 그 시기 전체가 다 난리의 시기요, 우리들에게는 환난의 시기입니다. 또한 거짓 선지자들의 시기이고, 불법이 횡행하는 시기이며, 사랑이 식어지는 때입니다. 그러나 그 속에서도 천국 복음이 선포되는 시기라는 것이 마태복음 24:4-14까지의 말씀입니다.

마태복음 24:15-21상: '예루살렘 성의 멸망'

그 후에 15절에서부터 21절까지 예수님께서는 '예루살렘 성의 멸망'이라는 아주 구체적인 주제를 다루십니다. 제자들은 예루살렘 성의 멸망과 세상 끝을 연결시켜서 질문을 했었지요? 잘 보면, 예수님께서는 그렇게 연결시켜 생각해서는 안 된다고 하시면서 초림부터 재림까지 시기의 성격에 대한 말을 먼저 하셨습니다. 그런 다음에 이제 제자들이 궁금해 하는 그 주제인 '예루살렘 성의 멸망'에 대해서 이야기합니다.

마태복음 24:15

"그러므로 너희가 선지자 다니엘이 말한 바 멸망의 가증한 것이 거룩한 곳에 선 것을 보거든 (읽는 자는 깨달을진저)."

"멸망의 가증한 것이 거룩한 곳에 선 것을 보거든"이라는 말은 다니엘서에 나오는 표현이지요? 그런데 그 말을 한 후에 괄호를 쳐 놓고, "읽는 자는 깨달을진저"라고 말씀하셨습니다. 이것 때문에 상당히 많은 분들이 마태복음이 기록되었을 때에는 예수님께서 말씀하셨던 다니엘이 말한 "멸망의 가증한 것이 거룩한 곳에 선 것"이 이미 일어난 후라고 생각합니다. 이것에 따라서 마태복음의 연대를 결정하려고 합니다. 그러나 우리는 마태복음이 언제 기록된 것인지 정확히는 모릅니다. 어떤 분들은 마태복음이 마가복음과 달리 이 사건이 일어나기 전이 아니고, 일어난 후이기 때문에 괄호 안에 '읽는 자는 깨달을진저'라고 말했다고 합니다. 그와 달리 상당히 이른 시기에 마태복음이 기록되었다고 보시는 분들도 있고, 그것도 아주 좋은 견해입니다. 그러므로 우리는 마태복음이 정확히 언제 기록되었는지를 아는 것처럼 하면 안 됩니다.

그 문제에 대해서 어떻게 생각하든지, "너희가 선지자 다니엘이 말한 바 멸망의 가증한 것이 거룩한 곳에 선 것을 보거든"이라는 말씀을 예수님께서 미리 하셨습니다. 그러니까 예수님을 믿는 사람들은 이런 일이 일어나거든

앞으로 이렇게 해야 된다고 준비를 하고 있었겠지요? 유대인들은 "지극히 거룩한 곳"이라고 하면 다들 즉각적으로 '성전'을 생각합니다. 거기에 멸망의 가증한 것이 선 것이라는 말은 무슨 뜻일까요? 주후 70년에 로마의 디도(Titus) 장군이 와서 예루살렘 성을 파괴하였습니다. 로마의 깃발과 상징물 가운데 독수리 문양이 있지 않습니까? 독수리 문양의 깃발을 내세우면서 디도 장군이 예루살렘을 향해 진격해 옵니다. 이런 깃발의 진전, 로마군의 진전이라고 하는 것이 주후 70년에 일어났고, 그 때 예루살렘 성이 파괴되었습니다. 역사가 진행된 후에 우리는 그 사실을 이렇게 확인할 수 있습니다.

　　그러나 예수님께서는 15절에서부터 21절까지 그것을 미리 바라보시면서 이 말씀을 하셨습니다. 다른 것을 여기에 집어넣어 생각하시면 안 됩니다. 이것은 예루살렘 성전의 멸망에 관한 이야기입니다. 그러니까 예수님께서 이 말씀을 하시는 때로부터 40년 뒤에 될 일을 미리 이야기하시는 것입니다. 그때 어떻게 해야 된다고 하십니까? "그때에 유대에 있는 자들은 산으로 도망할지어다."(16절)라고 하시지요?

오해와 그 극복을 위한 바른 해석

예수님께서 말씀하신 이것을 앞으로 이 세상 끝에 될 일에 적용해 보려고 하시는 분들이 있습니다. 세대주의자들이 그렇게 해석하고, 많은 사람들이 그런 해석을 따르려고 합니다. 그래서 그런 사람들은 늘 예수님께서 다시 오실 때가 다가오면 우리가 어느 산으로 가서 준비를 해야 된다고 하거나 평소의 삶과는 달리 예수님의 오심을 준비하는 삶을 살아야 한다고 합니다. 또는 그 둘을 합해서 산으로 가서 준비해야 한다고 합니다. 왜 그렇게 합니까? 예수님께서 말씀하시기를 "산으로 가라고 했기" 때문이라고 하는 분들이 해외에도 많고, 우리나라에도 수없이 많았습니다.

이렇게 잘못된 주장을 하는 것은 무엇을 잊어버렸기 때문입니까? 15절부터 21절까지가 예루살렘 성전의 멸망에 대해 말씀하시는 것임을 잊으신 것입니다. 이 분위기 전체는 유대인들을 대상으로 한 것이라는 것이 본문에 잘 나타납니다. 이는 결국 예수님께서 이렇게 말씀하시는 것입니다. "유대인들인 너희들은 산으로 도망갈지어다." 어떻게 도망하라고 하십니까?

마태복음 24:17

"지붕 위에 있는 자는 집 안에 있는 물건을 가지러 내려가지 말며."

이것은 그냥 내려와서 빨리 도망가라는 말입니다. 또한 "밭에 있는 자들은 겉옷을 가지러 뒤로 돌이키지 말지어다"(18절)라고 하시지요? 밭에서 일하려면 겉옷을 벗어 놓고 일하지 않습니까? 그런 상황에서 겉옷을 가지러 뒤로 돌이키지 말고 빨리 도망하라, 신속하게 도망하라고 말하는 것입니다. 왜 그렇습니까? 이 일이 있게 되면 너희에게 큰 어려움이 있게 될 것이기 때문입니다. 도망해야 하는데 어떤 상황이 어렵습니까? "그날에는 아이 밴 자들과 젖먹이는 자들에게는 화가 있으리로다."(19절) 이 말도 무슨 뜻입니까? 그런 상황이 도망하는 데 지장이 있다는 말입니다.

그러므로 이것을 오늘날 교회 공동체에 적용하면 안 됩니다. "주님이 오실 때가 다 되었는데, 언제 결혼하고 애 낳고, 그러느냐? 주를 위해서 준비를 해야지. 그래서 아이 가지게 되면 화가 있으리라고 이야기하지 않느냐?"라고 하시면서 오늘날 교회에 적용하려고 하면 안 됩니다. 이것은 예수님께서 그런 뜻으로 하신 말씀이 아니기 때문입니다.

예수님께서 또 무엇이라고 하십니까? "너희가 도망하는 일이 겨울이나 안식일에 되지 않도록 기도하라."(20절) 이렇게 이야기하시지요? 안식일에 되지 않도록 기도하라고 하십니다. 우리는 도망하는 일이 안식일에 되어도 지장이 없어요. 그러나 당시 유대인들은 토요일에는 아무것도 못하는 것입니다. 그러니까 이것이 유대적인 정황을 염두에 두고 예수님께서 하신 말씀이라는 것이 분명합니다.

우리는 재림 전의 어느 시점을 생각하시면서 주님께서 이 이야기를 하신 것이라고 말하지 않도록 주의해야 합니다. 이런 말씀을 이렇게 오용(誤用)하는 사람들은 예수님이 다시 올 때쯤에 우리는 특별히 어떤 곳에 가서 미리 준비하고 있어야 하고, 그때에는 우리들이 결혼 같은 것을 하지 말고, 일상생활과는 다른 생활을 해야 한다고 합니다. 이런 것이 잘못된 해석에 근거한 잘못된 적용이라는 것을 분명히 해야 합니다.

경첩으로 사용된 용어인 "큰 환난"

이제 이것을 "큰 환난"(θλῖψις μεγάλη)이라고 이야기합니다. 이것은 굉장히 중요한 말입니다. 문자적으로는 매우 큰 환난이란 뜻입니다. 그런데 이 "큰 환난"이라는 21절에 있는 이 말을 경첩으로 하여 두 시점을 연결시키고 있다는 것을 우리가 눈치채야 합니다. 큰 환난이라는 말을 쓰면서 한편으로는 예루살렘 성의 멸망을 지칭하고, 또한 앞으로 있게 될 큰 환난을 지칭하는 것입니다. 예수님께서 이것을 의도한 듯합니다. 그래서 이제 21절에 있는 "큰 환난" 말을 경첩으로 해서 예수님께서는 정말 마지막에 될 일을 이야기하시기 시작합니다.

> **마태복음 24:21**
> **"이는 그 때에 큰 환난이 있겠음이라. 창세로부터 지금까지 이런 환난이 없었고 후에도 없으리라."**

이 환난은 아주 큰 환난이라고 하십니다. "창세로부터 지금까지 이런 환난이 없었고, 후에도 없으리라."(21절)고 하셨지요? 일단은 유대인들의 입장에서는 예루살렘 성의 멸망이 그런 것이라고 생각하게 됩니다. 그러나 그 사건이 일어난 다음에 그보다 더 어려운 일이 있었거든요. 그렇기 때문에 이것은 '궁극적 대 환난'을 이야기하는 것이 아닙니다.

그러니까 대 환난이라는 말의 1차적 실현과 궁극적 실현을 생각하면서 이 문제를 다루어야 합니다. 이런 것을 한 마디로 "예언의 다중적 성취"를 생각하며 이 말씀을 해석하는 것이라고 합니다. 이것이 일차적으로 이루어졌을 때에는 팔레스타인에 로마의 디도 장군이 와서 예루살렘 성전을 멸망시킨 일이 발생했습니다. 그 이전과 이 때, 소위 유대인 전쟁에서 수없이 많은 유대인들이 죽었습니다. 왜 그랬지요? 이교도 군대가 성전에 들어오지 못하도록 하기 위해 항전한 것입니다. 그들의 입장에서는 성전을 지키기 위해서 죽기까지 싸운 것입니다.

그 당시 그 근처에 있던 예수님을 참으로 믿던 사람들 가운데 예수님의 말씀을 정말 기억하는 사람들은 "이런 일이 있을 때 우리 주님께서 빨리 도망하라고 했다."고 하면서 '펠라'(Pella)라는 지역으로 도망했다고 합니다.[2] 그래서 그 당시에 믿는 사람들은 많이 죽지 않았다고 합니

---

2 이는 4세기 교회사가인 유세비우스의 『교회사』 3, 5, 3과 살라미스의 에피파니우스(Epiphanius of Salamis)의 여러 글들에 근거한 주장입니다. 사무엘 브랜돈이 이를 논박한 (Samuel G. F. Brandon, *The Fall of Jerusalem and the Christian Church* [London: SPCK, 1957], 167–184) 후에는 이 의견이 계속 논박당하고 있습니다. 역시 성경에 명확히 나와 있는 것 외에는 강력하게 주장할 필요는 없어 보입니다.

다. 그러니까 이 예언의 일차적 실현과 관련해 말하면, 여기서 말하는 큰 환난이란 주후 70년에 있었던 예루살렘 성전의 멸망을 이야기하는 것입니다.

　　　그런데 그것을 경첩으로 해서 마지막에 있는 대 환난도 이야기합니다. 앞에서 우리가 초림에서부터 재림까지가 믿는 사람에게는 모두 다 환난의 시기라고 했지 않았습니까? 그 환난의 시기 가운데 맨 마지막에 이것이 더 집중적으로 나타나고, 우리는 그것을 이 구절의 말씀 등을 사용해서 "대 환난"이라고 지칭하기 시작한 것입니다.

마태복음 24:21 하반 절 이하 – 마지막에 대한 말씀

마태복음 24:22

"그 날들을 감하지 아니하면 모든 육체가 구원을 얻지 못할 것이나, 그러나 택하신 자들을 위하여 그 날들을 감하시리라."

대 환난의 성격은 어떤 것입니까? 22절의 이 말씀은 세대주의자들이 자주 오해하는 말씀입니다. 우선 이 말의 기본적인 뜻은 "그 날들을 감하지 아니하면 모든 육체가 구원을 얻지 못할 것이나, 택하신 자들을 위하여 그 날들을 감하시리라."는 것입니다.

　　　그런데 세대주의자들은 어떻게 생각합니까? 특정

한 대 환난의 시기가 있는데, 잘 믿는 사람들에게만 이것이 감해졌다고, 즉 잘 믿는 사람들은 그 환난을 피하여 간다고 해석합니다. 정말 이상한 해석입니다. 본문을 자연스럽게 해석하면 그렇게 해석할 수 없습니다. 그런데 세대주의자들은 대 환난 시기가 되면 (해석에 따라서, 어떤 분들은 이 대 환난 시기의 초반부에) 믿는 사람들은 하늘로 간다, 즉 휴거한다고 생각하시는 분들이 있어요. 또는 환난 중반부에 휴거된다고 생각하시는 분들이 있습니다. 이것을 소위 '환난 중간 휴거설'(mid tribulation theory)이라고 합니다.[3] 앞의 견해는 '환난 전 휴거설'(pre-tribulation theory)이라고 합니다.[4] 이처럼 세대주의자들이 자기들끼리 의견을 달리합니다. 세대주의자들은 믿는 사람들에게는 이것이 감하여졌기 때문에 이런 환난을 조금 받는 것이라고 주장하는 것입니다.

그러나 이 구절의 자연스러운 해석은 그런 것이 아닙니다. 이 구절은 "만일에 이 환난이 계속되면 그 누구도 구원함을 받지 못한다"는 원칙의 선언입니다. 그래서 주님께서 믿는 사람들을 위하여 이 기간이 무한정으로 긴 기간

---

[3] 이런 주장을 하는 분들로 다음 같은 분들을 언급할 수 있습니다. Harold Ockenga, Norman Harrison. 흥미롭게 개혁파 신학자인 James O. Buswell도 이렇게 주장합니다.

[4] 이런 주장을 하는 분들로 다음 같은 분들을 언급할 수 있습니다. Jimmy Swaggart, Robert Jeffress, J. Dwight Pentecost, Tim LaHaye, J. Vernon McGee, Perry Stone, Chuck Smith, Hal Lindsey, Jack Van Impe, Chuck Missler, Grant Jeffrey, Thomas Ice, David Jeremiah, John F. MacArthur, and John Hagee.

은 되지 않도록 할 것이다"는 말입니다. 따라서 이것이 일정한 기간이 될 것이다. 그러니까 "끝까지 견디는 자는 구원을 얻으리라"고 한 것입니다. 이를 볼 때에 하나님의 참 백성들은 이 기간을 끝까지 견디어 나아간다고 생각해야 합니다. 우리는 환난을 피하여 가는 사람들이 아닙니다.

모든 세대주의자들이나 세대주의에 영향을 받은 사람들이 계속 주장하는 것이 이것입니다. 우리는 환난을 피해간다고 합니다. 그래서 세대주의자들은 대 환난을 피하는 것이 복된 소식이라고 합니다. 이 말씀과 관련해서 우리는 디도서에 있는 한 구절을 생각해야 합니다. 우리 주예수 그리스도께서 이 땅에 임하여 오시는 것이 복된 소망이라고 디도서는 말합니다(딛 2:13). 오늘의 본문도 잘 읽어보면 그 누구도 환난을 피하여 간다고 이야기하지 않는다는 것을 알 수 있습니다. 어려운 시기가 우리에게 있을 것인데, 우리는 그것을 끝까지 견디어 나가는 사람들이라고 합니다.

그러면 어떻게 해야 합니까? 초림에서부터 재림까지 계속해서 어떤 일이 일어난다고 했습니까? 거짓 그리스도가 나타나고, 거짓 선지자가 나타난다고 했지요? 그러므로 다음과 같은 것들에 주의해야 합니다.

첫째로 주의해야 할 일

마태복음 24:23

"그 때에 사람이 너희에게 말하되, '보라, 그리스도가 여기
있다!' 혹은 '저기 있다' 하여도 믿지 말라."

성경의 이 부분을 해석할 때 기독교의 참된 성격이 나타납
니다. 기독교는 아무것이나 다 믿는 종교가 아니고, '믿어
야 할 것을 믿고, 믿지 말아야 할 것은 믿지 않는 것' 입니
다. 성경이 우리에게 믿으라고 하는 것은 우리의 존재 전체
를 걸고 믿어야 합니다. 예를 들어서, "예수 그리스도를 통
하여 우리를 구원하셨다; 예수님께서 다시 오시는 날이 분
명히 있다; 하나님께서 이 세상을 창조하시는 일이 있다."
이와 같이 성경이 말하는 것들에 대해서는, 이 세상이 아무
리 아니라고 해도 (1) '성경이 말하는 대로' 그리고 (2) '우
리의 생명을 걸고, 즉 우리 존재를 다해서' 믿어야 합니다.
그런데 성경이 말하지 않는 것은 믿지 말아야 합니다. 그런
데 상당히 많은 사람들은 성경이 말하는 것은 안 믿고, 성
경이 말하지 않는 것을 믿으려고 합니다. 그리고 그것을 기
독교 신앙이라고 이야기하려는 경향이 있습니다. 이것이
"미혹받는" 것입니다. 예수님께서 "미혹받지 말라"고 했지
않았습니까? 무엇의 미혹을 받지 말아야 합니까?

마태복음 24:24
"거짓 그리스도들과 거짓 선지자들이 일어나 큰 표적과 기
사를 보여 할 수만 있으면 택하신 자들도 미혹하리라."

첫 번째는 거짓 그리스도의 출현 소식에 미혹 받지 말아야 합니다. '그리스도께서는 은밀하게 이미 임하였다' - 그런 이야기를 믿지 말아야 합니다. 신천지가 요즘 그런 주장을 하는 대표적인 예입니다. 재림 예수가 이미 와 있다고 하는 것은 그 누가 주장하더라도 믿지 말아야 합니다. 성경이 말하는 대로 믿고 성경이 말하지 않는 것은 믿지 않는 것 - 그것이 참된 기독교 신앙입니다. 이것을 좀 더 구체적으로 말하면, 성경을 제대로 해석한 내용을 믿고, 성경을 잘못 해석한 것은 믿지 않는 것입니다.

종말론 문제와 관련해서 주님께서 처음부터 미혹 받지 말라고 한 것을 심각하게 생각해야 합니다. 미혹받는 사람들은 믿지 말아야 할 것을 믿는 사람입니다. 성경이 가르치는 대로만 믿고 성경이 가르치지 않은 것은 믿지 않아야 합니다. "성경이 가는 데까지 가고, 성경이 멈추어 서는 데에서 멈추어 서자"는 것이 우리의 큰 원칙입니다. 종말론 문제에서도 그렇게 해야 합니다. 성경이 가르쳐주는 것은 다 받아들여야 합니다. 그런데 우리는 청개구리처럼 하고 있습니다. 성경이 가르쳐주는 것을 다 공부할 마음이 없고, 별로 관심이 없어요. 그리고 성경이 이야기하지 않는 것에 대해서는 '야, 이거 궁금한데' 하면서 추구해 보려는 성향이 있습니다. 그것이 미혹 받기 쉬운 태도입니다. 어떤 것에 대해서 성경이 말하지 않으면 그것은 우리가 알 필요 없는 이야기라고 생각해야 합니다.

그 일을 위해서 각 교회 공동체에 교역자들이 파송

되어 있는 것입니다. 2,000년 교회 역사를 대변하는 사람들로서 교역자들이 성경은 이렇게 해석해야 된다고 하면서 성경을 해석하기 위해 파송되어 있는 것입니다. 그래서 교역자들하고 질문하면서 성경이 말하는 대로 성경의 가르침을 배워나가야 합니다. 성경이 가르쳐주지 않는 것들에 대해서는 궁금해 하지도 말고, 혹시 그런 것이 있으면 나중에 "하늘"(heaven)에 가서 삼위일체 하나님께 질문하려고 하셔야 합니다. 우리는 성경이 말하는 대로만 이야기하고, 성경이 이야기하지 않는 것은 생각하지도 말고, 말하지도 말아야 합니다.

마태복음 24:25
"보라! 내가 너희에게 미리 말하였노라."

두 번째 우리를 미혹케 하는 것은 무엇입니까? 사람들이 거짓 그리스도를 따르도록 하기 위해서 큰 표적과 기사를 보여 할 수만 있으면 택하신 자들도 미혹하려고 한다고 하시면서, 25절에 "보라 내가 너희에게 미리 말하였노라."고 하셨습니다.

　　　여러분! 여기에서 예수님의 답답해하는 마음이 느껴지지 않으시는지요? "내가 이렇게 미리 말했다. 너희 미혹당하지 않아야 한다."고 하십니다. 왜 이와 같이 미리 말하였다는 것을 강조하실까요? 예수님께서 미리 다 말씀하셨는데도 그것에 신경 안 쓰고 미혹되는 사람, 거짓 그리스도에게 가는 사람이 있을 것을 생각하며 안타까워하며 하신 말씀입니다. 예수님의 안타까워하는 이 마음을 잘 생각해 보셔야 합니다. 사람들을 미혹하기 위해서 여러 가지 큰 표적과 기사(奇事), 즉 놀라운 일들이 일어난다고도 하셨습니다. 거짓 선지자들도 이런 일들을 일으킨다는 것입니다. 실제로 사람들이 일어나고, 그런 놀랍고 기이한 일들이 발생할 것입니다. 그러나 우리는 그것을 추구해 나가지 않는 사람들이어야 합니다. 그래야 미혹받지 않게 됩니다.

　　교회 공동체 안에서 함께 예배할 때 우리들 가운데 우리 주님께서 병든 사람들을 일으키시고, 그와 비슷한 놀라운 일이 발생할 수 있습니다. 그러나 우리는 그것을 추구하지는 않지요. 함께 모여서 주 앞에 간절히 병든 이들을 위해서 간구하며, 주께서 그 간구를 들으셔서 기도에 대한 응답으로 우리들 가운데 병든 사람들을 치유하시는 일이 있습니다. 그러나 우리는 그런 것을 추구해 가지는 않습니다. 이것을 쉽게 표현한다면, 교회가 집회를 하면서 우리들 가운데에서 치유가 일어날 수 있습니다. 그것은 우리 기도에 대한 응답으로 일어나는 것입니다.[5] 그러나 교회 공동체는 신유 집회나 치유 집회를 하지 않아야 합니다. 그것을 목표로 하는 것은 주님의 뜻에 어긋난 것입니다. 치유 집회를 하지 말라고 했더니 "어? 당신들은 이제 치유가 일어난다는 것을 안 믿습니까?" 그런 식으로 반응하면 안 됩니다.

---

[5] 이런 점들에 대한 좋은 설명으로 이승구, "기도에 대한 정암의 개혁파적인 가르침", 『21세기 개혁신학의 방향』, 최근판 (서울: CCP, 2018), 191-92, 145-49 등을 보십시오.

우리는 한 번도 주님께서 놀라운 일을 일으키시는 것을 금한 일이 없어요. 주 앞에 간절히 간구할 때 주께서 놀라운 일들을 일으키실 수 있고, 이것은 우리의 삶 가운데에서 우리가 여러 번 경험한 일입니다. 그러나 우리는 그런 일 자체를 추구하지는 않습니다. 왜냐하면 그것 자체를 추구하는 사람들은 이런 놀라운 기사(奇事)를 사용하여서 사람들을 거짓 그리스도와 거짓된 가르침으로 이끌어 갈 위험성이 있기 때문입니다.

그리스도께서 다시 오실 때는 누구든지 다 알 수 있게 오실 것이라고 말합니다. 그러므로 참된 신자들은 그리스도가 광야에 있다고 해도 나가지 말라고 하고, 골방에 있다고 하여도 믿지 말라고 합니다. 예수님께서 다시 오실 때에는 누구든지 다 알 수 있게 오시기 때문입니다. 다음 같은 예수님의 말씀을 들어 보십시오.

마태복음 24:27
"번개가 동편에서 나서 서편까지 번쩍임 같이 인자의 임함도 그러하리라."

이런 말씀을 하신 의도는 무엇입니까? 누구든지 알 수 있게 온다는 말입니다. 그 당시 유대인들은 번개치고 하는 것은 누구든지 다 알 수 있게 된다는 뜻이라고 생각했습니다. 예수님이 이 세상에 다시 오실 때에는 그것을 이 세상에 있는 모든 사람들이 다 알게 됩니다. 제가 비유를 하나 들겠어요.

그런데 이 비유를 듣고서는 미혹에 빠지시면 안 됩니다.

제가 초등학교 5학년 때이니 1969년 7월 21일이었습니다. 미국의 우주 비행사였던 닐 암스트롱(Neil Alden Armstrong, 1930-2012)이 인류 최초로 달에 발을 디뎠습니다. 그것을 한국에 있는 우리들도 텔레비전으로 다 지켜보았습니다. 달에서 발생한 일인데, 미국에서 아폴로 11호를 쏘아 올려서 일어난 일인데, 그것을 미국 사람들만 본 것이 아니라, 한국 사람들도 많이 봤습니다. 인간의 능력으로도 달에서 일어나는 일을 모든 사람들이 다 볼 수 있었다면, 우리 주 예수 그리스도께서 오시는 것을 이 세상 모든 사람들이 다 알 수 있게 하는 것은 너무 당연한 일입니다. 그런데 제가 아까 미혹에 빠지지 말라고 한 것은 이 이야기를 듣고서 "예수님이 오시는 것을 텔레비전으로 중계하는 것이군요?"라고 오해하지 말라는 것입니다. 우리는 그것이 어떻게 이루어질 것인지 모릅니다. 그러나 우리 주님께서 누구든지 알 수 있는 방식으로 다시 오실 것은 아주 분명합니다. 그러면 그와 관련해서 우리는 어떻게 해야 합니까? 이와 관련해서 첫 번째 생각해야 될 것이 본문 35절, 36절의 말씀입니다.

"그 날과 그 때는 아무도 모른다."

마태복음 24:35-36

"천지는 없어질지언정 내 말은 없어지지 아니하리라. 그러나 그 날과 그 때는 아무도 모르나니 하늘의 천사들도, 아들도 모르고 오직 아버지만 아시느니라."

예수님께서 분명히 말씀하셨습니다. 예수님께서 분명히 다시 오시는데, 그러나 그 날과 그 때는 아무도 모르나니, 하늘의 천사도 모르고, 아들도 모른다고 하셨습니다. 이 말은 설명이 좀 필요한 말입니다. 이 '아들도 모르고'라는 말은 예수님의 메시아의 자격으로서 그리고 '인성(人性)'으로 "그것은 내 알 바 아니라"는 말입니다. 예수님의 인성은 아는 것이 제한되어 있습니다. 그러나 예수님의 '신성(神性)'은 모든 것을 다 아십니다. 참으로 전지(全知)하십니다. 예수님께서 신성으로는 이 세상에 계실 때도 여러분의 이름을 다 아셨습니다. 여러분의 이름이 지어지지도 않은 그때에도 말입니다. 그런데 예수님이 인성(人性)으로는 여러분의 이름을 모르셨어요. 이 차이를 잘 생각해 보셔야 합니다. 아주 독특한 일이지요? 이것이 예수님의 독특성입니다. 우리는 자신들이 아는 것은 알고, 모르면 모르는데, 예수님에게 있어서는 신성과 인성의 이 독특한 조화가 있습니다. 그런데 신성과 인성이 어떻게 한 인격으로 있을까? 이것이 성육신의 신비입니다. 예수님께서는 그 신성(神性)으로는 졸지도 아니하고 주무시지도 아니하십니다. 그러나 인성(人性)으로는 배를 타고 가시면서 주무시기도 하시고, 조시기도 하셨습니다. 예수님의 신성은 목마르지 않습니다. 그러나 예수님의 인성은 목 마르셔서, 수가 성 여인한테 목

마르다고 물 좀 달라고 하실 수도 있었고, 십자가에서 목마르다고 말씀하실 수 있었습니다. 인성으로는 그럴 수 있습니다. 그래서 인성이 요구하는 것과 신성이 요구하는 것이 다를 수 있습니다.

여기에도 그런 이야기입니다. "아들도 모른다"는 말은 예수님이 신성(神性)으로도 모른다는 말이 아닙니다. 그러면 성자는 전지(全知)하지 않은 것이 되지요. 그럴 수 없지요. 성부 하나님과 성자 하나님과 성령 하나님은 동등하시다고 했습니다. 그러므로 신성으로는 다 아시는 것입니다. 그러나 '메시아의 자격으로서는 그런 일은 내가 알 바가 아니라'고 하시는 것입니다. "오직 아버지만 아신다"라 했을 때, 하나님이 아신다고 했으니 성부, 성자, 성령께서 아시는 것입니다. 그러나 예수님의 메시아의 자격으로 모른다는 말입니다.

노아의 때와 재림 때의 비교

마태복음 24:37
"노아의 때와 같이 인자의 임함도 그러하리라."

노아의 때에 대해서 생각해 보겠습니다. 그때 어떻게 되었습니까? 홍수전에 노아가 방주 전에 들어가던 날까지 사람들이 "먹고 마시고 장가들고, 시집가고 있으면서." 이 말을 어떻게 해석하느냐에 따라서 잘못된 해석이 횡행(橫行)하기도 하고, 제대로 된 해석으로 갈 수도 있습니다.

홍수가 나서 그들을 다 멸하기까지 그들은 깨닫지 못하였는데, 인자의 날도 이와 같다고 합니다. 그 말은 무슨 뜻입니까? "먹고, 마시고, 장가가고, 시집가고." 이 말들에 대한 잘못된 해석은 이것이 나쁜 것을 묘사한 것이라고 생각하는 것입니다. 그러나 사실 이 말들의 의미는 '일상적인 생활'을 묘사하는 것입니다. 노아의 때 사람들이 일상적인 생활을 하고 있을 때에 갑자기 홍수가 왔던 것과 같이, 예수님이 다시 올 때도 사람들은 "먹고, 마시고, 장가가고, 시집가고" 하는 등의 일상적인 일을 하는 중에 그가 갑자기 오신다는 것입니다.

그런데 하나님의 백성은 그 일상적인 일을 하면서 하나님의 뜻을 생각하면서 삽니다. 하나님 백성이 아닌 사람들은 일상적인 일을 하면서 그것이 전부라고 생각하면서 삽니다. 여기에 차이가 있습니다. 똑같이 일상적인 일을 하는 것입니다. 두 가지 예를 들고 있습니다.

마태복음 24:40
"그 때에 두 사람이 밭에 있으매, 한 사람은 데려가고 한 사람은 버려둠을 당할 것이요."

남자들에 대한 이야기입니다. 남자들에 대해서 이야기했으니, 여자들 이야기도 해야지요? "두 여자가 맷돌질하고 있으매, 한 사람은 데려가고 한 사람은 버려둠을 당할 것이

다."(41절). 여기서 '버려둠'이라고 하는 표현 자체가 벌써 부정적으로 표현되어 있지요? 그냥 내버려졌다는 함의를 전달하는 번역어입니다. 하나는 "데려가졌다"고 번역되었습니다. 그것을 어떤 의미로 보느냐에 따라서 사람들은 잘못된 해석을 많이 합니다. 그러나 핵심은 그 둘의 '분리'(separation)에 있습니다. 똑같은 일을 하는데, 예를 들어서 옛날이니 남자들은 밭에 나가 일합니다. 여자들은 맷돌질을 하는 것으로 언급되었습니다. 이를테면 부엌일을 하는 것입니다. 그런데 그들 사이에 분리가 일어난다는 것입니다.

어떤 사람이 구원받는 것입니까? 그것을 질문할 필요가 없습니다. 그것에 대한 대답은 성경의 다른 데에서 얻어야 합니다. 여기서 데려감을 당한 사람이 구원받은 것입니까? 세대주의자들은 데려감을 당하는 것이 휴거되는 (rapture) 것이라고 잘못 해석합니다. 그것이 가장 잘못된 해석입니다. 상당히 많은 사람들은, 비록 세대주의 해석을 안 받아들여도, 데려가는 사람들이 하늘로 데려가는 것이니까 구원받는 것이라고 생각합니다. 또는 미국에서 기독교 세계관 운동을 하시는 분들 중의 어떤 분들은 이 땅에서 활동할 수 있도록 남겨진 사람들이 구원받은 것이라고 하려 합니다(대표적인 예로 Albert M. Wolters, *Creation Regained: Biblical Basics for a Reformational Worldview* [Grand Rapids: Eerdmans, 2005]를 보십시오). 이 중에 어떤 것이 옳은지를 가지고 논쟁할 필요는 없습니다. 이 말씀의 핵심은 무엇입니까? 분리가 일어난다는 것입니다. 일상적인 일을 하고 있는데, 사람들 사이에 분리가 일어난다는 것입니다.

그 분리는 세상 끝에 분명히 드러나지만, 사실 이 세상을 살 때 이미 그들 속에 분리가 있습니다. 하나님 나라 백성은 이 세상에서 어떻게 일상생활을 해야 합니까? 이 것이 오늘 이야기의 핵심입니다.

우리는 어떻게 해야 하는가? 항상 준비하고 있으라!

마태복음 24:44
"이러므로 너희도 준비하고 있으라. 생각하지 않은 때에 인자가 오리라."

"너희는 준비하고 있으라"(ὑμεῖς γίνεσθε ἕτοιμοι). 이전 번역으로는 "너희는 깨어 있어라."는 이 말을 오해하지 않도록 해야 합니다. 밤에 잠을 자지 말고 깨어 있으라는 말입니까? 이를 생각하면서 상당히 많은 사람들이 철야(徹夜)합니다. 우리나라 사람들만 그렇게 했던 것이 아니라, 서양에서도 오랫동안 그렇게 해왔습니다. 밤새 자지 않으면서 기도하는 것, 물론 필요하면 하나님 앞에 간구하기 위해서 밤에 철야 기도할 수 있습니다. 그러나 예수님께서 여기에서 그 이야기를 하는 것입니까? 여기에서는 물리적으로 깨어 있음을 이야기하는 것이 아님을 생각해야 합니다. 그렇다면 여기서 "깨어 있다"고 하는 것은 무엇입니까? 어느 날에 주가 임하는지 알지 못한다고 하지 않았습니까? 그러니까 항상 깨어 있어야 한다는 말입니다. 밤에 잠을 자지 말라는 이야기가 아닙니다. 주님께서 이야기하시는 것은 언제 올 줄 알았다면 준비하고 있지 않았겠느냐는 것입니다. 따라서 개정 개역에서 "준비하고 있으라"라고 한 것은 잘 번역한 것입니다.

그러므로 이것은 "항상 준비하고 있어라."는 뜻입니다. 예수 그리스도를 믿는 사람들은 이런 태도를 가지고 삽니다. 이 태도가 다음에 좀 더 강조하려고 하는 소위 '종말론적인 태도'입니다. 종말론적 태도는 언제 가져야 합니까? 초림부터 재림까지 항상 가지고 있어야 합니다. 예수님을 믿는 사람들은 항상 준비하고 있어야 합니다. 이상한 일이 발생하고 주님이 오실 때가 됐으니까 그러는 것이 아닙니다. 그것은 항상 준비하고 있는 것이 아니지요. 예수를 믿는 사람들은 항상 준비하고 있어요. 초림에서부터 재림까지 언제나 경성하는 것입니다.

하나님의 뜻이 무엇인지 알면서 그 깨어 있는 태도로 일상생활을 합니다. 이것이 예수님을 믿는 사람들의 삶의 태도입니다. 매일 매일을 그렇게 사는 것입니다. 언제나 정상적인 그리스도인의 삶을 사는 것입니다. 1세기의 그리스도인들도 그렇게 살아야 했고, 16세기의 그리스도인들도 그렇게 살아야 했으며, 21세기의 우리들도 그렇게 살아야 합니다. 항상 준비하고 있는 것입니다. 과연 어떻게 해야 합니까? 이를 알려주시기 위해서 예수님께서 한 비유를 드십니다. 이 비유를 듣고 나면, 사람들이 예수님의 의도를 잘 알게 됩니다.

종말론적의 삶의 태도를 보여 주는 한 비유

마태복음 24:46
"주인이 올 때에 그 종이 이렇게 하는 것을 보면 그 종이 복이 있으리로다."

우선 이 "좋은 청지기에 대한 비유"(마 24:45-51)의 내용을 먼저 생각해 보십시다. 여기 어떤 청지기(steward)가 있습니다. 이 청지기가 자기 집에 있는 사람들에게 때를 따라서 양식을 잘 공급하고 있습니다(45절). 자신의 직무에서 일상생활을 하고 있습니다. 후에 주인이 와서 이 사람이 이렇게 하는 것을 보면, 그 청지기에게 복이 있을 것이라고 합니다(46절). 나중에 "주인이 그 모든 소유를 그에게 맡길" 것이라고 합니다(47절).

그런데 그렇지 아니하고, 그 청지기가 마음속으로 자기 나름대로 생각하기를 '주인이 더디 오리라'고 하면서 자기 나름의 삶을 사는 경우를 언급합니다. 이 사람은 어느 때 즈음에 주인이 올 것이라는 것을 알았다면 깨서 준비했을 사람입니다. 잘할 사람입니다. 그런데 그 때가 '아직은 아니다'고 스스로 생각하고 있습니다. 그래서 어떻게 합니까?

동료들을 때리고 억압합니다(49절). 자기의 일에 충성하지 아니하고, 그냥 자기 나름의 삶을 삽니다. 왜 이렇게 삽니까? '아직 이때 주님이 오는 때가 아니야. 마지막 때의 징조를 보면, 내가 움직일 것이야. 그러나 그 전에 내가 이렇게 내 마음대로 살고 있어도 된다'고 생각합니다. 자기 해석을 가지고 사는 것입니다.

　　　언제든지 예수님에게서 야단맞는 사람들은 그 대답이 길어지고, 자기 나름의 해석을 굉장히 길게 하는 것을 볼 수 있습니다. 달란트 비유에서도 그렇고, 여기서도 마찬가지입니다. 이 사람도 자기 나름의 해석을 합니다. 이 사람은 아직 때가 아니라 생각합니다. 이것이 종말론적인 삶의 태도를 가지지 않은 것입니다. 이렇게 사는 종을 "악한 종"(ὁ κακὸς δοῦλος)이라고 본문은 표현하고 있습니다. 이렇게 살게 되면 주인은 어떻게 할 것인가에 대해서도 비유적으로 말씀합니다.

마태복음 24:51
"엄히 때리고 외식하는 자가 받는 벌에 처하리니, 거기서 슬피 울며 이를 갈리라."

이것이 비유적 표현입니다. 그런 사람들을 "때린다"는 말은 그에게 상응하는 벌을 줄 것이라는 뜻입니다. 사실 본문 자체는 그를 "둘로 잘라내고"(διχοτομήσει αὐτὸν)라고 했습니다. 이것도 가장 엄한 형벌을 묘사하는 비유적 표현입니다.

이 비유 속에 나타나는 사람은 이 집안의 일을 맡은 사람들입니다. 그런데 그 사람이 늘 깨어서 준비하고 있었다면 어떻게 되는가를 보여 줍니다. 늘 깨어서 준비하는 사람은 깨어서 준비했기 때문에 괜찮은 것이 아니고 그가 주님을 믿었기 때문에 그 결과로 깨어있는 것이라는 점에 주의해야 합니다. 주님을 믿었다는 것이 중요합니다. 그래서 종말론적인 삶의 태도를 가진 것입니다.

그러니까 마태복은 24장의 이 이야기를 잘 생각하면 우리가 잘못될 수 없습니다. 주님이 오시기 전에 그때 우리가 일상생활과는 별다른 특별한 일을 해야 한다는 것이 잘못된 것입니다. 그때가 되기 전에는 우리 마음대로 살아도 된다는 것이 잘못된 것입니다. 우리는 어떤 삶을 삽니까? 늘 똑같은 삶을 삽니다. 이것이 참으로 믿는 사람의 특성입니다. 성경을 그대로 믿고 성경을 계속 공부해 갑니다. 예수님께서 다시 오시기까지 우리는 계속해서 성경을 공부합니다. 그리고 성경에서 배운 바를 행하려고 합니다.

주님이 다시 오실 때까지 우리는 어떤 공동체입니까? 깨어 있는 공동체입니다. 깨어서 무엇을 하는 것입니까? 성경을 공부합니다. 교회 공동체는 항상 그렇게 있습니다. 그래서 우리가 성경을 같이 해석해 나가는 공동체, "해석 공동체"입니다. 우리가 그런 공동체로 이 땅 가운데에 있습니다. 그래서 성경에서 주님의 뜻을 배워서 그 일을 수행해 나가는 공동체입니다.

지금 이 자리에 교역자들 가운데 일부가 있습니다.

이 말씀은 어떤 의미에서 교역자들에게 아주 적합한 말입니다. 아까 읽었던 말씀 가운데 45절 말씀을 제가 다시 한 번 더 읽겠습니다.

하나님 나라의 청지기들의 역할

마태복음 24:45
"충성되고 지혜 있는 종이 되어 주인에게 그 집 사람들을 맡아 때를 따라 양식을 나눠 줄 자가 누구냐?"

우선 이 말씀을 교역자들에게 먼저 적용해 보겠습니다. 이렇게 할 때 오해해서 이것이 이 구절의 유일한 적용이라고 하면 안 됩니다. 교역자들은 정말 주님으로부터 하나님의 백성들을 맡아서 하나님의 백성들에게 영적인 양식을 때를 따라서 공급하는 사람입니다. 그래서 항상 깨어 있으면서 주님의 뜻이 무엇인가를 잘 파악해서 이것을 균형 있게 때를 따라 적절하게 나누어 주어야 합니다.

그러나 예수님께서는 그런 의도로만 이 이야기를 하신 것이 아니고, 이 세상을 사는 하나님의 백성들 전체가 그런 삶을 사는 것임을 말씀하신 것입니다. 우리는 "먹고, 마시고, 장가가고, 시집가고", 즉 이 세상의 일반적인 일을 합니다. 태어나고, 자라고, 학교에 가고, 취업하고, 애쓰고, 늙어가고 죽고 하는 일상적인 일을 합니다. 그 일을 하면서 우리는 동시에 하나님의 백성들에게 적절한 것들을 공급해 주는 일을 합니다. 그것이 어떤 방식이든지 말입니다. 주어진 사명에 따라서 그것이 다 다릅니다. 아까 언급한 교역자들은 영적인 양식을 공급하는 그 일을 사명으로 하고, 우리 성도들은 다양하게 하나님의 백성들을 잘 섬기고 백성들에게 필요한 것을 공급하는 역할을 합니다. 그것이 깨어 있는 것이고, 항상 준비된 삶의 태도를 가지고 사는 것입니다. 그것이 종말론적인 삶입니다. 일상생활의 과정 가운데서 하나님 나라의 백성들에게 필요한 것들을 공급하는 것에 신경을 쓰고 삽니다.

또한 안 믿는 사람에게도 필요한 것을 공급해서 저 사람들이 혹시 감화받아서 주님 앞으로 돌아오게 되는 것도 생각하는 것입니다. 그것을 위해서 사는 것이 깨어 있는 삶을 사는 것입니다. 물론 그 일을 위해서 같이 성경도 계속 공부하고 일정한 시간을 내서 기도도 하지요. 그러나 그것만이 깨어 있는 것이라고 생각하지 말고, 그 모든 것을 통해서 결국 이 세상에서 하나님의 백성다운 삶을 구체적으로 드러나게 해야 합니다.

어떤 사람이 깨어 있느냐, 안 깨어 있느냐 하는 것은 일상생활을 과연 무엇을 위해서 하는지에서 드러납니다. 예를 들어서, 올해 고등학교 3학년생인 그리스도인 학생이 있다고 해 봅시다. 그 학생은 이 1년 동안 무엇을 하는 것입니까? 모든 것을 접어두고 공부만 하는 것입니까? 그렇지 않아요. 물론 믿는 우리도 수험생 역할을 합니다. 그런데 공부를 하면서 나는 하나님 나라의 백성으로서 하나님의 뜻을 잘 이루기 위한다는 태도로 공부해야 합니다. 그것이 "깨어 있는" 것입니다. 밤에 잠 안 자고 공부하라는 말이 아니고, 정말 하나님의 백성으로서 내가 앞으로 많은 사람들에게 필요한 것들을 공급하기 위해서 나는 이 기간 동안에도 믿는 수험생 역할을 제대로 한다는 마음으로 사는 것입니다. 똑같이 수험생의 역할을 하고, 똑같이 입학시험을 보고 할 것인데, 그 기간 동안도 하나님 나라 백성답게 생각하며 사는 것입니다. 그것이 깨어 있는 삶이고, 그것이 종말론적인 삶입니다. 그것이 마태복음 24장을 제대로 읽은 사람의 삶입니다. 그렇게 하지 않는다면 우리는 잘못된 길로 나아가는 것입니다.

나가면서 : 마지막 당부의 말

이제 말씀을 마치면서 두 가지를 강조합니다. 첫째, 때의 징조라고 하는 것들을 오해하지 않도록 해야 합니다. 때의 징조는 예수님께서 초림에서부터 재림까지의 특성을 전체적으로 이야기해 주신 것입니다.

둘째, 참 하나님의 백성들은 이 세상에서 어려움 가운데 있다는 것을 기억해야 합니다. 우리들은 그 어려움 가운데서도 끝까지 인내하며 있어야 합니다. 우리들 주변에 난무하는 "우리가 이렇게 하면 환난을 피하게 됩니다"는 가르침은 잘못된 가르침입니다.

셋째, 우리는 이 세상에 있으면서 하나님께서 우리에게 맡겨주신 하나님 나라 백성의 큰 사명들을 감당하는 사람으로서 살아야 합니다. 거룩한 하나님의 백성으로서 하나님의 백성들에게 필요한 것들을 공급하는 사람으로 있어야 합니다. 우리는 왜 이 세상에 있습니까? 하나님의 섬기기 위해 있습니다. 하나님의 나라를 드러내기 위해 있습니다. 그것이 어떤 식으로 드러납니까? 사람들에게 필요한 것들을 공급하는 것으로 드러납니다. 마치 요셉이 자기의 가정과 이집트에 사는 사람들 전체에 필요한 것을 공급하는 사람으로 있었던 것처럼, 우리들도 이 세상에서 사람들에게 필요한 것을 공급하는 사람으로 있어야 합니다. 밖에 나가서 열심히 일하는데, 왜 열심히 일합니까? 우리가 먹고 살기 위해 열심히 일하는 것이 아닙니다. 열심히 벌어서 사람들에게 필요한 것들을 공급하는 사람들로 있기 위해서 열심히 일합니다. 이것이 종말론을 제대로 배우고, 하나님께서 우리로 하여금 살라고 한 하나님의 백성의 삶을 사는 사람의 모습입니다.

종말론 문제를 생각하면서 다른 식으로 생각하지 아니하도록 이 세 가지 요점을 마음속에 품어야 합니다. 먼저, 미혹받지 않도록 해야 합니다. 환난 시기를 피하여 가려고 생각하면 안 됩니다. 우리 그 안에서 끝까지 견디는 사람으로 있으면서, 사랑이 식어진 세상 가운데서 끝없는 사랑을 가지고 사람들에게 필요한 것을 공급하는 사람으로 이 땅에 있어야 합니다. 같이 기도하시지요.

마침 기도

"거룩하신 주님, 감사합니다. 오늘도 우리에게 시간을 주심을 감사합니다. 함께 주님의 뜻을 생각하게 하시며 하나님께서 우리들로 하여금 지향해 나가도록 하는 바가 무엇인지를 바라볼 수 있게 하심을 감사합니다. 예수님의 제자들은 예루살렘 성전의 멸망이 세상 끝에나 있을 것이라고 생각했지만, 주님께서는 그렇지 않음을 분명히 하시면서, 예루살렘 성전의 멸망과 세상 끝에 될 일을 구별하셔서, 참 하나님의 백성들은 예루살렘 성전이 멸망한 뒤에도 이 땅을 살아간다고 하셨습니다. 이 세상에서 하나님의 백성답게 일상생활을 하면서 하나님의 뜻을 파악하여 사람들에게 필요한 것을 공급하는 사람으로, 또한 하나님의 일을 맡아 사명을 수행하는 사람으로 살아나간다고 하셨습니다. 그러니 우리가 이것을 명심하며 제대로 된 종말관을 가지고 이 땅을 살 수 있도록 우리를 인도하여 주시옵소서. 우리 주 예수 그리스도의 이름으로 기도하옵나이다. 아멘."

2

성경에서 말하는

'종말' 과 천년왕국

성경이 말하는 종말은 무엇인가?

지난번에 우리가 마태복음 24장 말씀을 전체적으로 개관하면서 우리들이 궁금한 것에 대해서 생각해 보았습니다. 이제 본격적으로 "도대체 성경이 말하는 종말이 무엇일까?"에 대해서 생각해 보겠습니다. 사실 이 주제에 대한 탐구는 우리들의 생각을 고칠 수 있는 좋은 기회이기도 합니다. 신약 시대에 살고 있는 사람들도, 상당히 많은 사람들이 구약적 종말 이해를 가지고 있는 경우가 너무 많습니다. 우리가 성경을 열심히 공부한다고 하면서도, 성경적이 아님을 드러내는 것입니다. 심지어 신학교에서 신학을 공부하는 학생들도 그렇고, 목사님들도 그런 경우들이 많이 있습니다. 그래서 오늘 공부하는 성경 말씀을 근거로 하여 우리가 '신약적 종말론'을 명확히 해야 합니다. 그러려면 일단 출발은 구약이 말하는 종말에 대한 이해부터 생각해 봅시다.

구약의 종말 이해

구약이 말하는 종말은, 일반적으로 종말(終末)이라는 말 자체가 그렇듯이 "끝"을 의미합니다. 구약 시대에는 창조 때에 역사가 시작되었고, 일정한 역사의 과정을 거쳐서 언젠가는 끝이 온다고 했습니다. 이것이 구약 성경에 나타났기 때문에 많은 사람들은 이것이 히브리적인 사유 방식의 큰 특성이라고 합니다. 그래서 히브리적 역사 이해는 일반적으로 직선적(lineal)이라고 표현합니다. 희랍적인 사유 방식, 또는 다른 나라의 사유 방식은 우리나라의 육십갑자와 같은 것이 잘 이야기하듯이 상당히 순환적(循環的, circular)입니다. 이 세상은 돌고 돌아서 다시 그 자리로 간다고 생각합니다. 역사도 흘러가다가 다시 새롭게 시작되고 다시 간다고 생각하는 것이 이 세상의 일반적 생각입니다. 그러나 성경에 의하면, 창조라는 명확한 시작이 있고, 명확한 끝이 있다고 합니다. 이것을 분명히 함으로써 성경적 이해가 시작됩니다. 이것이 구약의 큰 기여 중 하나입니다. 그래서 유대인들은 그 끝이 메시아의 오심을 통하여서 궁극적으로는 하나님이 이 세상에 오시는 일로 마쳐질 것이라고 생각해 왔습니다. 여기까지가 구약 이해입니다.

신약에 드디어 메시아가 이 땅에 오셨습니다. 우리는 예수님을 메시아(Messiah)라고 믿고, 따라서 그를 메시아, 즉 그리스도(Christ)라고 고백합니다. 물론 유대인들의 대다수는 지금까지도 메시아가 오셨다고 믿지 않고 있습니다. 그것이 불신입니다. 회개해야 할 죄입니다. 메시아가 오셨으니, 정말 놀라운 일이 일어난 것입니다. 이것을 신약 성경에서 몇몇 곳에서 아주 분명하게 표현합니다. 예를 들자면, 히브리서 1장 1절과 2절의 말씀을 대조해 보면, 메시아가 오신 이후의 시간이 과연 어떤 시기인지가 잘 나타나 있습니다.

> 히브리서 1:1
> "옛적에 선지자들을 통하여 여러 부분과 여러 모양으로 우리 조상들에게 말씀하신 하나님."

이 1절 말씀은 구약의 계시에 대해서 이야기합니다. 구약의 계시는 여러 모양과 여러 방식으로 다양한 선지자들을 통하여 우리에게 주신 계시라고 합니다.

신약의 종말 이해의 출발점

그렇다면 신약 시대에는 어떻게 되었습니까? 히브리서 1장 2절 말씀을 보겠습니다.

> 히브리서 1:2
> "이 모든 날 마지막에는 아들을 통하여 우리에게 말씀하셨으니, 이 아들을 만유의 상속자로 세우시고 또 그로 말미암아 모든 세계를 지으셨느니라."

제일 중요한 이야기는 우선 빼놓고 일단 그 다음 말부터 봅니다. "아들을 통하여 우리에게 말씀하셨으니" – 이것이 신약 계시를 말하는 것이지요? 이 아들을 통하여 말씀하셨다는 것에는 (1) 예수님을 통하여서 우리에게 주신 말씀, 그리고 (2) 예수님께서 돌아가시고 부활하신 다음에 심지어 승천하신 다음에 그 돌아가심과 부활과 승천의 의미에 대해 설명하는 사도들의 이야기까지가 포함됩니다. 그 모든 것이 아들을 통하여 우리에게 주신 계시라고 할 수 있습니다.

그런데 제가 아까 제일 중요한 건 빼놨다고 했지요? 예수님께서 이 세상에 오셔서 활동하신 것, 그리고 제자들이 이 세상에서 예수님의 말씀을 설명해 주신 것, 그 모든 것이 어떤 시대에 일어났다고 합니까? 히브리서 1장 2절 앞부분에서 무엇이라고 합니까? "이 모든 날 마지막에"(ἐπ᾽ ἐσχάτου τῶν ἡμερῶν τούτων)라고 하지요? 이 말은 구약적인 말로 말하면, '종말에'라는 말입니다. 이것이 아주 중요한 구절입니다.

성경에 이렇게 되어 있다는 것을 많은 사람들이 알지요. 히브리서 1장은 이 서신을 시작하는 부분이니까, 우리가 수없이 많이 읽었을 것이고 따라서 이 표현을 많이 보았습니다. 그런데 상당히 많은 사람들은 이것을 그냥 스쳐 지나면서 보고 맙니다. 예수님을 통하여 우리에게 계시를 주셨을 때, 또 사도들이 활동을 했을 때 이 시기가 이 모든 날의 마지막, 즉 종말이라고 하는 것을 전혀 생각하지 않습니다. 예수님께서 활동하셨어도, 사도들이 하나님의 말씀을 선포할 뿐만 아니라, 그것을 잘 받아서 기록하여 나중에 요한이 요한계시록을 잘 기록해 놓은 그 상황에서도 우리는 종말이 아직 안 왔다고 생각합니다. 그러면서 그저

막연히 예수님께서 다시 오실 때쯤 되면 종말이라고 할 수 있지 않을까라고 생각합니다. 특히 한국의 대부분의 사람들이 그렇게 생각합니다. 예수님을 믿는다는 우리들이 그렇게 생각합니다. 그러나 성경은 무엇이라고 이야기합니까? 예수님께서 이 세상에 오셔서 활동하신 그때가 "이 모든 날 마지막"이라고 합니다.

여기서 종말이라는 말이 이제 획기적(劃期的)인 변화를 거쳤다는 것을 알게 됩니다. 옛날 구약 시대에는 종말이 그저 이 세상 끝에 관한 것이라고만 생각했었습니다. 그런 식으로 생각하니까 소위 종말론이라고 하는 것도 모든 것을 마무리하는 작업으로 생각하는 것이 일반적이었습니다. 그것을 비꼬면서 하는 말로 "모든 것의 서랍을 닫는 것"이 종말론이라고 생각하고 그렇게 표현해 왔습니다. 그런데 신약 성경을 잘 보면 이제 더 이상 그렇게 이야기해서는 안 된다는 것을 발견합니다. 우리 주 예수 그리스도께서 오셨을 때 그 때는 지금으로부터 2,000년 전입니다. 히브리서 기자는 예수님께서 오셔서 활동하신 때가 "이 모든 날의 마지막," 즉 "종말"이라고 합니다.

조금 있다가 신약 성경에서 이와 비슷하게 말하는 구절들을 살펴볼 것입니다. 그런 구절들을 보면서 성경을 그대로 믿지 않는 자유주의적 입장을 가진 사람들은 예수님의 제자들이 예수님이 곧 다시 올 것이라고 생각해서 잘못 생각했었다고 합니다. 그런데 사실은 예수님의 재림은 상당 후에 있을 것이라고 신약 자체가 시사하고 있습니다.

그런데도 신학적 자유주의자들은 히브리서 기자가 이 모든 날 마지막에 아들을 통하여 우리 모두에게 계시해 주었다고 잘못 생각했다고 말하려고 합니다.

그러나 성경을 그대로 믿으려고 하는 우리들의 태도가 매우 중요합니다. 이 태도는 세상 끝 날까지 우리가 가지고 있어야 하는 바른 태도입니다. 그러므로 우리들은 성경이 말하는 대로 우리의 생각을 고쳐야 합니다. 오늘 이야기의 출발점은 종말 개념도 성경이 말하는 대로 고쳐야 한다는 것입니다. 그래서 오늘은 신약성경에 따른 종말 개념의 전환도 시도하면서 동시에 이와 같은 것이 바로 성경을 공부해가는 우리들이 해야 하는 일이라는 것도 분명히 해야 합니다.

성경을 공부할 때 우리는 계속해서 우리가 생각해 왔던 바를 한쪽으로 놓고, 성경이 말하는 것을 옆에 놓는 작업을 해야 합니다. 그래서 그 둘을 명확하게 대조시켜야 합니다. 명확하게 대조해 보면, 어떤 경우에는 우리들이 지금까지 성경을 공부한 사람들이니까 굉장히 성경적으로 사고하는 것을 발견할 수도 있습니다. 그러나 어떤 경우에는 믿는다는 우리들도 성경이 이야기하는 것과 다른 생각을 하고 있다는 것도 발견하게 됩니다. 그런데 혼자 그렇게 생각하는 것이 아니라, 여러 사람이 그렇게 생각하면 '우리가 생각하는 것이 옳은 것이다'고 여기면서 고집부리는 일이 많습니다. 그러나 그렇게 하면 안 된다는 것을 이 종말 개념의 전환으로부터 생각합시다. 1세기에 예수님께서 이 땅에 오셨을 때, 그리고 사도들이 활동했을 때를 신약 성경이 "이 모든 날 마지막" 즉 "종말"이라고 이야기한다는 것을 발견할 수 있습니다. 성경을 찾아보면, 그렇게 이야기하는 구절들이 아주 많습니다. 그리고 사도들이 그런 식으로 이야기했을 때, 틀린 것이 아니었다는 것을 알아야 합니다.

그러므로 다음 같이 말해야 합니다. 예수님께서 이 세상에 오셔서 태어나신 일, 마리아에게 수태되고, 어머니의 태 속에 9개월 반 또는 10개월 후에 있은 다음에 태어나신 것도 종말론적 사건입니다. 예수님께서 오셔서 세례를 받은 일도 종말에 일어난 일이고 역시 종말론적 사건입니다. 예수님께서 하나님의 나라를 선포해주신 일도 종말론적인 사건입니다. 하나님 나라의 임함이 종말론적인 사건이기 때문입니다. 예수님께서 십자가에 달려서 돌아가신 일도 종말론적인 사건입니다. 예수님께서 부활하신 일도 역시 종말론적인 사건입니다. 그러므로 1세기부터 우리가 다 종말 가운데 있는 것입니다. 그러니까 종말이 이제 '상당히 긴 기간'이 된 것입니다. 예수님의 초림에서부터 재림까지의 기간이 다 "종말"입니다. 이것이 신약적 종말 이해입니다.

제가 대학교 1학년 때까지만 해도 이런 말을 들었으면, '무슨 이단 같은 이야기냐?'고 생각했을 것입니다. 제가 얼마나 엉터리로 생각했었는지 잘 나타나는 것이지요. 그러나 성경을 잘 살펴보면 이것이 이단의 이야기가 아니라, 바로 신약성경이 말하는 종말 이해입니다. 그래서 이제 우리는 사고방식을 바꾸어야 합니다. 이제는 신약성경이 말하는 대로 종말은 '예수님의 초림에서부터 재림하실 때까지의 긴 기간'이라고 생각해야 합니다. 예수님의 초림 때부터 예수님이 다시 오실 때까지의 기간이 다 종말 기간입니다. 그렇게 생각하고 말하는 것은 성경을 정말 진중하고 의미 있게 읽은 증거입니다. 히브리서를 읽을 때, "이 모든 날 마지막에 아들로 말씀하셨으니"라고 한 말을 정말 의미 있게 읽어야 합니다. 따라서 그저 먼 훗날이 종말이라고 생각하던 구약적인 관념을 바꾸어야 합니다. 예수님께서 주신 계시에 의해서 자신들의 종말 개념을 바꾼다는 것을 사도들이 의식하고 있습니다.

신약적 종말 개념 표현의 또 한 예

그 대표적인 예로 오순절에 성령님이 강림하여 오셨을 때, 그 사건에 대해서 베드로가 설명하는 구절을 생각해 보겠습니다. 사도행전 2장에 있는 말씀입니다. 사도행전 2장 14절부터 찬찬히 보기로 합니다.

> **사도행전 2:14**
> "베드로가 열한 사도와 함께 서서 소리를 높여 이르되, 유대인들과 예루살렘에 사는 모든 사람들아! 이 일을 너희로 알게 할 것이니, 내 말에 귀를 기울이라."

성령님이 강림하신 정말 놀라운 사건이 일어난 직후입니다. 베드로가 사도행전 2장 14절에 이렇게 이야기합니다. 바른 복음을 선포하는 사람으로서 이야기하는 것입니다. 특히 이 오순절 성령 강림 사건이 어떻게 일어났는가에 대해서 이야기합니다. 그 당시 사람들이 성령님으로 말미암아 "하나님의 큰 일을 이야기할 때"라고 했습니다. "하나님의 큰 일"(*Magnalia Dei*) – 이것은 아마도 하나님이 이루시는 놀라운 일을 찬양하는 것이라고 생각합니다. 단언은 못해요. 그러나 많은 분들이 그렇게 생각합니다. 사도들이 성령님에 충만하여 이스라엘 사람들이 예루살렘 성전을 향해 올라갈 때 하던 시편 마지막 부분에 있는 '성전에 올라가는 노래'를 불렀을 것이라고 생각합니다. 아마 그 찬송을 부르는 그것을 바라보며, 어떤 사람들은 "저들이 새 술에 취하였다"고 했습니다. 그래서 그 말을 받아서 베드로가 이렇게 이야기합니다.

사도행전 2:15
"때가 제 삼 시니, 너희 생각과 같이 이 사람들이 취한 것이 아니라."

"때가 제 삼 시니" – 성경 시간은 그냥 여섯 시간을 더하면 우리 시간과 비슷해집니다. 그렇게 6시간을 더하면 9시가 되지요? 오전 9시가 됩니다. 아침 9시에서부터 술 드시는 분이 있나요? 물론 가끔 있습니다. 그러나 대개는 그렇게 하지는 않으시지요? 그래서 베드로가 이렇게 이야기하는 것입니다. 아침 9시니까 이 사람들이 술 취해서 이런 말을 하는 것이 아니라고 하면서, 이 일이 어떻게 이루어진 것인지를 설명합니다. 간단히 말하면 선지자 요엘이 말씀하신 것이 이루어진 것이라는 말입니다. 여기서도 제일 중요한 부분 한 부분을 빼놓고 제가 인용해 보겠습니다.

사도행전 2:16
"이는 곧 선지자 요엘을 통하여 말씀하신 것이니 일렀으되."

요엘이 구약 시대에 이렇게 하나님의 말씀을 대언했습니다. "내가 내 영으로 모든 육체에게 부어 줄 것이다. 모든 사람한테 부어 줄 것이다." 모든 사람을 예로 들면서 이런 대언을 하였습니다. 다시 한번 보지요.

사도행전 2:17
"하나님이 말씀하시기를 '말세에 내가 내 영을 모든 육체에 부어 주리니, 너희의 자녀들은 예언할 것이요, 너희의 젊은이들은 환상을 보고, 너희의 늙은이들은 꿈을 꾸리라.

너희 자녀들, 너희 젊은이들, 너희의 남종들, 여종들, 나이 드신 분들, 다음에 젊은 사람들, 즉 모든 사람에게 성령님이 임하게 된다는 것입니다. 구약 시대에는 성령님이 임하여서 사람들이 대개 예언자의 역할, 즉 선지자의 역할을 했지요? 그래서 구약시대에 성령님이 임하셔서 어떤 사람이 예언을 하게 되면 '아 성령님께서 임하셨구나' 하고 알았던 것이지요. 그런데 여기 요엘서에서는 특정한 몇몇 사람들만이 하나님의 선지자 역할을 하는 시대가 아니고, 이제 모든 믿는 사람들이 다 선지자 역할을 할 시대가 올 것이라고 말합니다.

그렇게 되면 어떻게 됩니까? 그렇게 되면 성령이 임한 그 모든 사람들이 선지자의 역할을 하게 되는데, 신약적 선지자 역할을 하게 될 것이라고 합니다. 그래서 이 말씀은 결국 성취의 입장에서 보면, 신약에 있는 성도들, 즉 이제 예수 그리스도를 믿는 사람들은 다 선지자라는 것입니다. 물론 우리에게 새로운 계시가 임하는 것은 아닙니다. 이 시기에는 그 누구도 나한테 하나님의 새로운 계시가 임하였다고 하면 안 된다고 했습니다. 우리에게 있어서는 요한계시록까지 기록된 구약과 신약 말씀이 "최종적 계시"입니다. 요한계시록 이후에는 새로운 계시가 있지 않습니다. 그런데 이제 우리 모두가 그 계시의 말씀을 잘 이해해서 다른 사람들에게 그것을 전하는 일을 하게 될 것이라고 이야기하고 있습니다. 그래서 이를 이루기 위해서 이제 어떻게 되었습니까? 베드로는 "너희가 예수 그리스도를 십자가에 못 박았는데"라고 하면서, 그런데 이제 하나님께서 어떻게 하셨는지를 말합니다.

사도행전 2:33

"하나님이 오른손으로 예수를 높이시매, 그가 약속하신 성령을 아버지께 받아서 너희가 보고 듣는 이것을 부어 주셨느니라."

너희가 십자가에 못 박은 그 예수님을 하나님이 살리셨고, 하나님이 오른손으로 예수를 높이셨다는 것이 2장 33절 앞부분의 말씀입니다. 그 뒷부분에서 "그가 약속하신 성령을 아버지께 받아서 쏟아 부어 주셨느니라(ἐξέχεεν)"고 하지요? 성령님이 신약 교회 충만하게 임하신 사건을 이야기하는 것입니다. 구약 시대에 하나님께서 약속하시기를 성령님이 모든 사람에게 주어지리라고 하시더니, 신약 교회에서 성령님이 충만히 임하여 왔다는 것을 강조하기 위해서 "쏟아 부어 주셨다"(ἐξέχεεν)고 합니다.

그러므로 신약 교회는 성령님이 충만히 임재해 있는 교회라는 것을 믿어야 합니다. 오순절에 성령님께서 임했던 그 120명에게만 성령님이 쏟아져 부어진 것이 아니고, 신약 교회에 쏟아 부어진 것입니다. 신약 교회 안에는 언제나 성령님께서 함께하십니다. 또한 교회 공동체가 말씀을 전하면 점점 더 많은 사람들이 믿고 이 성령님 안으로 들어오게 되어 있습니다. 그래서 우리가 성령님께서 충만히 임재해 있는 교회 공동체 안에 들어와 있는 것입니다. 우리가 진짜 교회라면 말입니다. 오순절에 충만히 임하여 오신 성령님께서 우리 교회 공동체 안에서도 계신 것이고, 그러기 때문에 그 교회 공동체를 구성하고 있는 한 사람 한 사람 안에도 성령님이 계십니다. 출발점은 오순절에 성령님이 충만히 임하여 온 사실에 있습니다.

그런데 요엘서에서는 어떻게 표현되어 있습니까?

요엘 2:28
"그 후에 내가 내 영을 만민에게 부어 주리니, 너희 자녀들이 장래 일을 말할 것이며, 너희 늙은이는 꿈을 꾸며, 너희 젊은이는 이상을 볼 것이며."

그런데 베드로가 의도적으로 어떻게 말하고 있는지를 보기 위해서 사도행전 2장 17절을 다시 보시면서 비교해 보시기 바랍니다.

사도행전 2:17
"말세에 내가 내 영을 모든 육체에 부어 주리니, 너희의 자녀들은 예언할 것이요, 너희의 젊은이들은 환상을 보고, 너희의 늙은이들은 꿈을 꾸리라."

요엘서에 보면 하나님이 말씀하시기를 "그 후에" 내가 내 영을 모든 육체에 부어 주리나라는 약속이 있었다고 하지요? 그런데 예수 그리스도께서 하나님께 성령님을 받아서 쏟아 부어 주셨다고 선언합니다(33절). 이것이 오순절 사건의 의미입니다.

　　　그러면 그 일이 일어났으니 이 시대가 어떤 시대라
는 것입니까? 베드로는 아주 의도적으로 "말세"(ἐν ταῖς
ἐσχάταις ἡμέραις)라고 말합니다(17절). 우리가 "말세"라
는 말을 사용할 때와 상당히 다르지요? 우리들은 대개 1세
기가 말세라고 생각하지 않습니다. 그런데 베드로는 오순
절 사건을 생각하면서 "말세에 일어나기로 한"(17절) 이 사
건이 일어났다고 합니다(33절). 우리는 누구의 말을 따르
고, 누구의 어법(語法)을 따라서 말을 써야 합니까? 히브리
서 기자와 베드로의 말을 따르지 않으면 우리가 비성경적
인 것이지요. 그러니 성경을 따라서 우리의 생각과 심지어
어법도 고쳐야 합니다.

신약성경적 종말 이해에 충실한 표현들

그러므로 이제부터는 예수님의 초림에서부터 재림까지가
"이 모든 날 마지막," 즉 "종말"이라고 해야 합니다. 우리
가 정말로 성경을 따라서 말한다면 그렇게 해야 합니다. 그
런데 그렇게 말하는 사람들이 소위 신학을 공부한 사람들
가운데서도 매우 적습니다. 안타까운 일은 이것이 성경에
있으니, 다 그렇게 배우는데도 그리하지 않는다는 것입니
다. 배운 대로 생각도 안하고, 배운 대로 말하지 않습니다.
그러나 이제 우리 성도들은 다 신약성경이 말하는 대로 생

각하고 말해야 합니다. 그러므로 이제부터는 우리의 종말론은 예수님께서 다시 오실 때쯤에 어떤 일이 있을까를 연구하는 것만이 아니고, 예수님의 그 초림 사역부터 재림까지의 전체 정황을 연구하는 것이어야 합니다. 그 모든 것이 종말론적인 것이라고 해야 합니다. 우리 교회의 활동도 이에 속합니다. 우리 교회가 세워진 것도 종말 안에서 세워진 것입니다. 다시 말하지만, 예수님께서 다시 오실 때가 가까웠기 때문에 종말이라는 것이 아니고, 예수님의 초림에서부터가 종말이라고 해야 합니다.

　　예수님을 참으로 믿는 사람들은 성경을 통해서 이런 바른 가르침을 잘 알게 됩니다. 즉, 종말이 예수님의 초림 사역으로 이미 우리에게 왔다는 것을 알게 됩니다. 이런 것을 생각할 때 제일 불쌍한 사람은 누구입니까? 대학교 1학년 때까지의 저 같은 사람들입니다. 저는 예수님을 열심히 믿었던 어린이였고요, 학생이었고요, 대학생이었습니다. 대학교 1학년 때까지는 제가 예수님을 믿으니까, '종말이 되어도 신실하게 주님의 뜻에 따라 잘 살아갈 것이고, 드디어 내가 죽으면 하나님이 좋은 곳으로 데려가실 것이다'고 생각하고 있었습니다. 그런데 성경을 자세히 공부하면서 성경에 가르침에 의하면 그런 것이 아니라는 것을 깨닫게 되었습니다. 오늘 우리가 생각하듯이, 예수님의 초림으로 종말이 이미 임하여 온 측면이 있다는 것을, 따라서 우리가 이미 종말 안에 있다는 것을 알게 되었습니다. 그때 바른 성경 공부를 통해서 신약적 종말론을 가지게 된 것입니다.

그리스도 안에 있는 우리의 존재가 이제 개인으로는 종말론적 실존(eschatological existence)이라는 것을 알게 되었습니다. 예수님을 믿는 사람들은 한 사람, 한 사람 다 그렇습니다. 믿지 않는 다른 사람들은 예수님에 의해서 "종말"이 왔는데도, 종말인 줄을 모릅니다. 정말 안타까운 것은 예수님을 참으로 믿는데도 예수님 안에서 이미 종말이 왔다는 것을 모르는 사람이 있다는 것입니다. 대학교 1학년까지의 저와 같은 사람 말입니다.

우리는 이제 신약성경이 말하는 종말 개념을 가져야 합니다. 그래서 베드로가 이전에 요엘 선지자가 말세에 성령님이 쏟아 부어진다고 하더니, 정말 성령님이 쏟아 부어졌다고 하면서, 그러니까 우리가 살고 있는 이 시대가 말세, 즉 종말이라고 합니다. 사도들이 틀렸거나 잘못 생각해서 이렇게 말한 것이 아닙니다. 이것이 신약 성경이 말하고 있는 "종말"의 기본인 뜻입니다.

신약적 종말 개념 표현의 또 다른 예

신약 성경에 이렇게 표현된 곳은 곳곳에 많은데, 그중에서 한 곳만 더 생각하겠습니다.

요한 1서 2:18
"아이들아! 지금은 마지막 때라. 적그리스도가 오리라는

말을 너희가 들은 것과 같이 지금도 많은 적그리스도가 일어났으니, 그러므로 우리가 마지막 때인 줄 아노라."

이 본문에서 사도 요한이 왜 성도들을 향해서 "아이들아"라고 말합니까? 이 때 사도 요한이 나이가 많을 때니 성도들이 자기보다 젊은 상황입니다. 노(老) 사도가 성도들 모두를 생각하면서 "아이들아!"(παιδία)라고 합니다. 그러면서 매우 놀랍게도 "지금은 마지막 때(ἐσχάτη ὥρα)라."고 말합니다. 1세기의 교회의 성도들도 이 편지를 읽을 때, 지금이 마지막 때라고 알아들었겠지요? 그렇습니다. 그때가 마지막 때였습니다. 16세기 성도들도 이걸 읽으면서 어떻게 생각했겠습니까? "지금이 마지막 때"라고 생각했겠지요? 우리들도 지금 읽으면서 지금이 마지막 때라고 생각합니다. 바른 이해이기는 한데 문제는 무엇입니까? 자꾸 자기들 중심으로 생각한다는 것입니다. 성경을 정확히 보고 생각하려고 해야 합니다.

이것이 언제 기록되었습니까? 1세기 말에 기록되었습니다. 1세기 말에 이 편지를 쓰면서 "지금이 마지막 때"라고 하는 것입니다. 결국 이것은 1세기에서부터 예수님께서 다시 올 때까지가 마지막 때, 즉 종말이라는 뜻입니다. 지난 강의에서 잠깐 말씀드렸었는데, 예수님께서 종말 시기에 여러 난리와 난리의 소문이 있을 것이라고 했지요? 그런데 "이런 일이 있어야 하되, 끝은 아직 아니라."고 하지 않았습니까? "종말"과 "세상 끝"이 나뉘어져 언급되고 있습니다. 이것이 중요한 요점입니다. 구약의 입장에서는 종말이 세상 끝이었습니다. 종말이 온다는 것은 이 세상이 끝이 온다는 것이었습니다. 그런데 이제 신약에 오면 종말이 왔는데 아직 끝은 아니라고 하십니다. 이것이 신약적 종말 의식입니다. 그래서 신약 시대에 사는 우리는 그런 신약적 종말 의식을 분명히 가져야 합니다. 우리가 종말 안에 들어와 살고 있다는 의식, 그러나 끝은 아니라는 우리는 그런 상황 속에 사는 "종말론적 실존"이라는 의식을 가져야 합니다.

그러므로 우리의 교회 공동체는 "종말론적인 공동체"(eschatological community)입니다. 이 의식을 가지고 있어야 우리가 제대로 된 교회입니다. 종말론적인 공동체라는 말을 오해하지 마십시오. 이제 예수님이 오실 때가 가까워 왔으니 우리가 종말을 준비하는 사람이 되어야 하니 우리가 종말론적인 공동체라는 말이 아닙니다. 예수 그리스도 안에서 이미 종말이 왔으니 그러므로 우리는 하나님 나라의 질서에 상응하는 모습을 이 땅 가운데에 가지고 있어야 한다는 것을 알고 그것을 구현하려고 하는 공동체라는 의미에서 종말론적인 공동체라고 하는 것입니다. 이번에는 시간이 없어서 종말론적인 공동체로서의 교회에 대해 많은 말씀을 드리지 못합니다.[6]

사도 요한은 "지금이 마지막 때"라고 말합니다. 그

---

6 이를 구체적으로 논의한 책으로 이승구, 『교회란 무엇인가?: 하나님 나라 증시를 위한 종말론적 공동체와 그 백성들의 자태』, 최근 판 (서울: 말씀과 언약, 2020)을 보십시오.

러면서 "적그리스도가 오리라 한 말을 너희가 들은 것과 같이 지금도 많은 적그리스도가 일어났으니"라고 합니다. 다시 말하지만, 이것이 언제 하는 말입니까? 1세기 말에 하는 말입니다. 여기서도 우리가 흥미로운 것을 생각해야 합니다. 지난 강의에서 잠깐 말씀드리기는 했는데, 예수님께서 처음 오셨던 그때에서부터 이 세상에 계속해서 거짓 그리스도가 나타난다고 했지요? 그 거짓 그리스도 중에 어떤 것을 적그리스도라고 합니다. 그런데 이것은 여럿이 있는 것입니다. 적그리스도의 비밀, 불법의 비밀이라는 것이 계속 활동합니다. 그러다가 맨 마지막에 "최종적 그 적그리스도"가 나타나게 됩니다. 1세기에서부터 적그리스도들이 계속 나타났습니다. 적그리스도의 세력이라는 것이 있어 온 것입니다. 그러다가 예수님께서 다시 올 때 즈음에 최종적 적그리스도가 나타날 것입니다. 요한이 말하는 것으로부터 이런 것을 우리가 생각할 수 있습니다. 요한은 1세기 상황에서도 많은 적그리스도가 나타난 것을 통해서 우리가 지금이 마지막 때인 줄 안다고 말합니다.

신학적 자유주의자들은 이 말씀을 들을 때 어떻게 합니까? 요한은 곧 예수님께서 다시 올 것이라고 생각해서 그렇게 말했는데, 요한이 틀렸다고 합니다. 이렇게 주장하는 것이 자유주의입니다. 성경을 믿는 우리는 그렇게 해석하지 않지요. 요한은 사도입니다. 하나님의 영감으로 이 말씀을 우리에게 주신 것입니다. 영감된 말씀은 정확 무오합니다. 요한이 잘못 생각해서 이렇게 기록했다고 할 수 없습니다. 그러므로 이것은 우리에게 앞으로 나타날 일들의 전체적인 성격을 알게 해 줍니다.

일 세기에도 많은 적그리스도가 나타났습니다. 그런데 그 존재들이 어떤 성격을 지녔습니까? "그들이 우리에게서 나갔으나, 우리에게 속하지 아니하였나니"(요일 2:19)라고 하지요? 이단 세력들이 어떻게 된 것입니까? 우리에게서 나아간 것이라고 합니다. 박태선은 옛날에 교회의 장로님으로서 중요한 역할을 했던 분이었습니다. 그런데 이 사람이 결국 우리 바깥으로 나갔습니다. 사도 요한이 한 말을 활용해서 말하면, "만일 우리에게 속하였던 사람이라면 우리와 함께 거하였으려니와 그들이 나간 것은 다 우리에게 속하지 아니함을 드러내려 함이니라."(요일 2:19)고 해야 합니다. 즉, 적그리스도와 이단적 세력은 언제든지 교회 공동체 바깥으로 나갑니다. 물론 교회 밖으로 나가서 자신들이 "교회 밖으로 나왔다"고 말하지 않습니다. 오히려 자기네가 진짜라고 합니다. 이것이 매우 안타까운 일입니다. 신천지 사람들도 자기네가 정통이라고 이야기해요. 말이 안 되는 것이지요.

우리는 모든 것에 대해서 성경이 말하는 것에 따라서 말해야 합니다. 모든 이단은 교회 밖으로 나간 것입니다. 참 교회는 정통적인 교회 바깥으로 나가는 일을 하지 않습니다. 이 말은 우리들이 예배당에 나가서 예배에 참석한다는 정도의 뜻이 아닙니다. 그 교회가 가르치는 공식적 가르침과 같이 간다는 것을 뜻합니다. 장로교회인 우리가 믿고 고백하는 신앙고백서가 〈웨스트민스터 신앙고백서〉

입니다. 그러므로 모든 장로교회는 〈웨스트민스터 신앙고백서〉는 그냥 역사적 문서로만 가지고 있으면 안 됩니다.[7] "우리는 옛날에 그런 고백을 했었는데, 그것은 지금 여기에 있는 우리하고는 실질적으로는 상관이 없다"고 하면 그것은 매우 심각한 일입니다. 그것은 정말 이상한 일입니다. 장로교인들은 〈웨스트민스터 신앙고백서〉를 성경의 가르침을 총괄(總括)한 것으로 알고 받아서 옛날 용어로 신종(信從)하겠다고 고백한 사람들입니다. 신종(信從)한다는 것이 무엇입니까? 성경의 가르침을 요약한 것으로 알고 믿고 따른다는 것입니다. 우리는 성경만 믿지 〈웨스트민스터 신앙고백서〉는 중요하지 않다고 한다면, 우리가 믿고 고백했던 바에 반하는 이야기를 하는 것입니다. 〈웨스트민스터 신앙고백서〉가 중요한 것은 이 고백서가 성경의 가르침을 잘 요약한 것이기 때문입니다. 그래서 우리가 잘 생각해야 합니다. 우리는 성경이 말하는 대로 그 바른 가르침을 가지고 있는 그 제대로 된 교리를 잘 붙들고 진리의 사람들로 이 세상에 있어야 합니다.

하나님 나라의 현재성과 관련해서

여기서 우리가 어떤 사람들인지 정리해 보지요. 우리는 예

---

7 이 점에 대한 지적으로 이승구, 『21세기 개혁신학의 방향』, 최근판 (서울: CCP, 2018), 68-73, 121-22, 205-20을 보십시오.

수님의 가르침을 통해서 눈에 보이지 아니하는 형태로 이미 임하여 온 하나님 나라 안에 들어온 사람들입니다. 이것이 중요한 말씀입니다. 하나님 나라에 대해서는 이번에 다 이야기할 수 없으니까, 한 구절에 대해서만 말씀드리도록 하겠습니다. 그것은 마태복음 12장 28절 말씀입니다.

마태복음 12:28
"그러나 내가 하나님의 성령을 힘입어 귀신을 쫓아내는 것이면 하나님의 나라가 이미 너희에게 임하였느니라."

여기서 예수님께서는 정말 그 누구도 선언할 수 없는 말을 하셨고, 이것은 매우 중요한 말입니다. 예수님께서는 "내가 하나님의 성령을 힘입어 귀신을 쫓아내는 것이면"이라고 하시면서 이 말씀을 시작하셨습니다. 여기서는 엑소시즘 (exocism), 즉 귀신 쫓아내는 것을 예로 들으셨습니다. 예수님께서 하셨던 다른 사역을 예로 들어도 됩니다. 앉은뱅이를 일으킨 것이며, 문둥병자를 고치신 것이며, 귀머거리를 듣게 하시는 것이며 – 예수님이 하셨던 사역을 다 생각해도 좋습니다. 그 다음이 중요한 것인데, "하나님의 나라가 이미 너희에게 임하였느니라."[8] 이 말씀이 굉장히 중요한 말씀입니다. 우리는 이 말씀을 믿어야 합니다. "예수님

------

[8] 이 말의 정확한 의미에 대한 자세한 설명을 위해서는 이승구, 『기독교 세계관이란 무엇인가?』, 최근판 (서울: SFC, 2022), 74와 이승구, 『하나님께 아룁니다』 (서울: 말씀과 언약, 2021), 194–97과 그에 인용된 문헌들을 보십시오.

은 그렇게 말씀하셨네요."라고 하면서 그냥 스쳐 지나가면 안 됩니다. 하나님의 나라가 우리에게 이미 임하였다. 이것을 오늘 이후로는 우리 교회 성도들 한 분도 잊어버리면 안 됩니다. 그런 상황 가운데에서 우리가 신앙생활을 하는 것입니다. 우리는 하나님 나라 안에 들어와 있는 것입니다.

우리는 언제 하나님 나라에 들어왔을까요? 예수님의 말씀을 통해서 우리가 추론할 수 있습니다. 어느 날 니고데모가 와서 예수님과 이야기를 할 때에 "물과 성령으로 나지 아니하면, 하나님 나라에 들어갈 수가 없느니라"(요 3:5)고 말씀하셨지요? 이를 뒤집어 이야기하면 어떻게 됩니까? 물과 성령으로 거듭난 사람은 하나님 나라 안으로 들어갔다고 생각해야지요? 그러려면 하나님 나라가 이 세상에 와 있어야 합니다. 이것은 정말 중요한 생각입니다. 예수님께서 이 땅에 임하셔서 하신 제일 중요한 일이 무엇입니까? 하나님 나라를 우리에게 가져다주신 일입니다. 눈에 안 보이는 형태로 하나님의 나라가 우리에게 주어졌다는 것이 매우 중요합니다.

그런데 예수님 안에서 눈에 보이지 않게 임한 하나님 나라는 언제까지 눈에 안 보입니까? 예수님께서 다시 오실 때까지는 눈에 안 보입니다. 그 나라가 임하였는데 눈에 안 보인다는 것은 그 나라가 영적으로(spiritually) 임해 와 있다는 말입니다. 영적인 실재(spiritual reality)로서 이 세상 가운데 있다는 말입니다. 물리적으로는 예수님이 다시 올 때까지는 하나님 나라가 보이지 않습니다. 그러나 그것을 영적으로 알고 믿고 그 사실 앞에서 서 있는 사람이 예수님을 믿는 사람입니다. 하나님의 나라가 영적으로 우리에게 와 있다는 것을 우리가 참으로 믿는다면 먼저 그 사실을 인정해야 됩니다. 그렇게 하는 사람이 아까 말했던 종말론적인 실존입니다.

그렇다면 교회가 종말론적인 공동체라고 하는 것은 무엇입니까? 교회 공동체가 하나님의 나라를 나타내는 역할을 하는 것이라는 말입니다. 하나님의 나라가 와 있는지 이 세상 사람들은 모르지요. 그러나 우리는 알기 때문에 하나님의 나라가 영적으로 여기 있음을 나타내는 역할을 하는 것입니다. 우리는 최선을 다해서 하나님 나라를 나타내려고 합니다. 물론 부족할 것입니다. 흠이 많을 것입니다. 그러나 노력해야 합니다. 우리가 부족하지만 드러내는 그 나라를 예수님께서 다시 오실 때 아주 분명하게 드러내실 것입니다. 그것을 '극치에 이른 하나님의 나라,' 또는 '영광의 왕국'(*regnum gloriae*)이라고 합니다. 그때에는 안 믿는 사람들도 다 하나님 나라가 여기 있음을 인정하게 됩니다. 모든 사람이 예수 그리스도에게 무릎을 꿇게 될 것입니다. 그러나 그때 가서 처음으로 무릎을 꿇게 되면 큰일입니다.

그래서 우리는 그 전부터 그리스도에게 무릎을 꿇고 절하는 사람이 될 수 있도록 하는 것입니다. 무릎 꿇고 절하는 것이 무엇입니까? 경배(敬拜)하는 것입니다. 그래서 교회 공동체는 시시때때로 함께 모여 주 앞에 영혼의 무릎을 꿇고 경배합니다. 이것이 하나님의 나라가 이 땅에 와 있음을 선언하는 것입니다. 교회 공동체가 이렇게 예배할 뿐 아니라, 살아 나아갈 때, 하나님 나라가 여기 있다는 사실을 우리 주변에 나타내야 합니다. 성도들이 살아가는 모습, 교회 공동체가 이 땅에 있는 모습을 바라보면서 바깥에 있는 사람들이 잘은 모르지만, "뭔가가 좀 다르네요"라는 것을 느낄 수 있도록 해야 합니다. 물론 그 사람들은 그 이상을 말할 수 없습니다. 후에 이 교회를 아는 분들은 "과연 하나님께서 너희 가운데에 계신다"고 할 수 있겠지요? 그런 고백이 나올 수 있도록 사는 것이 교회 공동체입니다. 우리 주변에 있는 모든 사람들이 그 모습을 바라보면서 그렇게 고백할 수 있게 만드는 것이 교회 공동체가 신약 성경적 의미의 "종말"에 충실하게 살아가는 것입니다. 우리는 이 땅 가운데에서 하나님 나라 백성으로 살아가는 그 역할을 아주 분명히 해야 합니다. 예수님께서 다시 오실 때까지 우리는 눈에 보이지 않는 하나님 나라를 이 땅 가운데 드러내는 역할을 하는 것입니다.

적그리스도의 세력들과 최종적 적그리스도

이렇게 이야기하면 예수님이 다시 오시는 것에 대해서 여러분이 궁금하지요? 예수님께서 다시 오시기 전에 수없이 많은 적그리스도가 나타나리라고 했습니다. 1세기 말에 요한일서에서 심각하게 생각하는 적그리스도는 예수님께서 육체로 오신 것을 부인하는 사람들, 일종의 초기의 영지주의자들 같습니다. 영지주의자들은 영혼을 굉장히 중요하게 생각합니다. 물질은 중요하지 않게 생각합니다. 기독교도 정신이 나가면 자꾸 그렇게 생각하려고 합니다. 그러나 그것은 잘못된 것입니다. 초창기 기독교 변증가들은 영지주의(靈知主義, Gnosticism)가 잘못된 것이며 기독교가 아니라는 것을 드러내었습니다. 영지주의자들은 기독교 같은데 사실은 기독교가 아닌 것을 만들어 놓고 믿으라고 한 것입니다. 그 사람들은 몸의 부활을 믿지 않습니다. 영혼만 하늘에서 영원히 사는 것만 믿어요. 그렇게 성경과 다르게 믿으면 실상은 구원받지 못합니다. 우리는 이 잘못된 것을 극복해야 합니다.

요한일서에 나타난 사람들은 예수님께서 참 하나님이시라는 것을 강조합니다. 그래서 예수님이 몸을 가지고 오셨다는 것을 부인합니다. 예수님께서 참으로 몸을 가지셨다고 우리가 그의 손을 만져봤었다고 제자들이 말할 것 아닙니까? 이에 대해서 영지주의적 성향을 가진 사람들은 "그런 것처럼 보인" 것이라고 이야기합니다. "너희들에게 그렇게 보였다"고 말합니다. 그래서 이것을 '가현설(假現說, docetism)'이라고 합니다. 진짜가 아니고 그런 것처럼 보였다는 것입니다. 예수님이 안 만져진다는 것이 아닙니다. 만져지는데 예수님이 취하신 그 몸은 진짜가 아니라는 것입니다. 왜냐하면 영원하신 하나님이 몸을 가지실 수 없기 때문이라고 합니다. 그분들은 영적인 것만이 중요하고 물질은 잘못된 것이라고 생각합니다. 그러니까 그 사람들은 우리가 구원을 받는 것도 영혼만 구원받는 것이라고 합니다. 그러니 그것은 기독교가 아닙니다. 1세기 말에는 적그리스도들이 그렇게 주장하는 사람들이었습니다.

잘못된 가르침을 믿게 하고, 성경대로 안 믿으려고 하는 것이 다 적그리스도적 세력입니다. 시대마다 다른 적그리스도가 있는 것이고, 맨 마지막에 최종적 적그리스도가 나타날 것입니다. 그 최종적 적그리스도에 의해서 우리들은 정말 이 세상에서 살기가 어려울 상황 가운데에 있을 정도가 될 것입니다. 그것을 요한계시록이 이야기합니다. 요한계시록은 표상적 용어로 이야기하기를 "짐승의 표를 받게 하는데 그 표가 없이는 물건을 사고팔 수 없게 하리라"고 합니다. 이것을 가지고 이게 무슨 바코드라든지, 아니면 베리칩이라든지 등등 이상한 이야기를 하는 사람들이 있어요.[9] 더군다나 그것을 널리 선포하는, 요즈음은 데이비드 차(David Cha)라는 사람이 있어서 그 사람 유튜브가 막 돌아다니고, 많은 사람들이 열심히 보고 있습니다. "마지막 때의 신호"라고 하면서 성경을 잘못 해석하는 것입니다. 그런 것들에 여러분의 마음을 쏟을 이유가 하나도 없습니다.

맨 마지막 때에 어떤 일이 벌어집니까? 예수님을 믿는 사람들이 이 세상 사람들이 사는 삶의 방식에 동조하지 않고 하나님의 뜻대로 살아가는 하나님 백성의 모습을

---

9 이 문제에 대한 논의로 이승구, 『묵상과 기도, 생각과 실천』(서울: 나눔과 섬김, 2015), 176-91을 보십시오.

살고 가려면 이 세상에서 살기가 매우 어렵게 됩니다. 이것을 요한계시록에서 "짐승의 표를 받지 아니하면 사고팔 수 없게 한다"고 표현한 것입니다. 그것을 실제로 무슨 표를 받는 것이라고 생각해서는 안 됩니다. 요한계시록에 상징적으로 표현되어 있는 것을 문자적으로 생각해서 정말 바코드를 받는다든지, 베리칩같은 것을 손이나 이마에 받게 되면 안 된다는 식으로 생각해서는 안 됩니다. 그 모든 이야기들이 무엇을 이야기하는 것입니까? 이 세상 사람들이 사는 방식에 따라가지 않으면 예수 믿는 사람들은 이 세상 살기가 매우 어려운 그런 시대가 올 것이라는 것입니다. 그것은 우리가 부분적으로 지금도 경험하는 것입니다. 예수를 믿는 말씀의 원칙을 굳게 지키고 살아가려고 하면 이 세상 살기가 어렵지요? 그 사회가 이상한 사회면 사회일수록 더욱 살기가 어렵습니다. 그 사회가 좀 건전한 사회면 괜찮게 살아갈 수 있어요. 그런데 사회가 이상해지면 살기가 점점 더 어렵게 됩니다.

　　그 대표적인 예로 우리 시대의 어떤 사람들이 동성애에 대해서 있을 수 있는 일이라고 이야기를 해야 정치적으로 바른 이야기(political correctness)라고 하는 것을 들 수 있습니다. 요즈음 언급되는 "정치적으로 바른 이야기"가 무엇입니까? 만약에 어떤 정치가가 "나는 동성애는 잘못된 것이라고 생각한다"고 말하면 인기가 없어집니다. 그래서 그것은 정치적으로 바른 소리가 아니라고 합니다. 얼마 전까지만 해도 서구에서만 그랬었는데, 이제는 우리나라 사회에서도 그렇게 되어 가고 있습니다. 이것이 매우 심각한 문제를 우리 사회 속에 낳고 있는 것입니다. 잘 생각해야 합니다.

그런 것을 따르지 않고, 오직 성경에 나와 있는 원칙에 따라서 철저히 살려고 하면, 이 세상에서 살기가 어려운 삶이 됩니다. 그런 것이 짐승의 표를 받지 않는 것입니다. 그런데 적그리스도적 세력이 얼마나 강한지 결국 적그리스도 세력이 말씀대로만 살려는 우리를 다 멸망시키려고 하는 날이 올 것입니다. 만일에 그 상황에서 예수 그리스도께서 다시 오지 않으시면 우리는 배교하든지, 아니면 다 죽게 될 것입니다. 그런데 주께서 아주 적절한 때에 오시기 때문에 우리가 배교하지 않을 수 있게끔 하실 것입니다. 우리를 위해서 주께서 배려하시는 것입니다.

불법의 사람과 그리스도의 재림

예수님께서 다시 오실 때 어떤 일이 벌어질 것인지를 잘 요약하고 있는 데살로니가전서의 말씀을 생각해보도록 하겠습니다. 데살로니가전서 4장 13절에서부터의 말씀을 봅니다.

데살로니가전서 4:13
"형제들아! 자는 자들에 관하여는 너희가 알지 못함을 우리가 원하지 아니하노니. 이는 소망 없는 다른 이와 같이 슬퍼하지 않게 하려 함이라."

"형제들아"라고 하는 말은 예수님을 믿는 사람들은 진정한
의미의 형제와 자매들임을 전제로 하는 말입니다. 우리가
정말 그런 형제, 자매 의식을 가져야 합니다. 사도가 우리
에게 "형제들아!"라고 했을 때 이는 빈말로 하는 말이 아닙
니다. 그러므로 이것이 또한 우리 속에 살아 있는 이야기여
야 합니다. 예수 그리스도의 구속을 통하여 우리가 정말 형
제, 자매들이 되었다는 그런 의식이 우리에게 있고, 따라서
실제로 이 용어들을 사용해야 합니다. 우리가 그 용어를 사
용하지 않으며, 이단들이 그 용어를 가져다가 자기들이 사
용합니다. 여호와의 증인들이 자기들끼리 "형제, 자매"라
고 해요. 아주 심각하게 그렇게 이야기합니다. 그런데 교회
는 이 말을 잘 안 씁니다. 누구만 쓰지요? 우리 대학부, 청
년부 학생들만 씁니다. 대학부와 청년부에서는 "형제, 자
매"라고 합니다. 그런데 어른이 되어서는 잘 쓰지 않아요.
그러나 정말 이 의식이 우리에게 있어야 합니다. 그리스도
안에 우리가 정말 형제, 자매라는 의식이 있어야 합니다.

성도의 죽음과 부활

바울이 이렇게 이야기합니다. "형제들아! 내가 자는 자들에
관하여는 너희가 알지 못함을 우리가 원하지 아니한다."(살
전 4:13). 이 "자는 자들"은 집에서 주무시는 사람을 이야

기하는 것이 아님을 우리가 알 수 있습니다. 누구를 이야기하는 것입니까? 돌아가신 분들입니다. 그런데 왜 그 사람들을 '자는 자들'이라고 표현했습니까? 그 사람들이 나중에 부활할 것이기 때문입니다. 그들이 나중에 일어날 사람들이기 때문에 그렇게 표현한 것입니다. 그분들의 영혼이 잠을 자고 있는 것이 아닙니다.

'영혼 수면설'(*psychopannychia*) – 이것은 이단의 잘못된 가르침입니다. 칼빈이 최초에 쓴 신학적인 글이 소위 재세례파의 영혼수면설에 대한 반박이었습니다.[10] 재세례파부터 안식교에 이르는 많은 이단들이 우리가 죽으면

잠자고 있다가 예수님이 다시 올 때 일어나서 최후의 심판을 받는다고 주장합니다. 그래야 최후의 심판이 무슨 의미가 있지 않느냐고 합니다. 죽어서 어떤 사람은 "하늘"에 가 있고 어떤 사람은 "지옥"에 가 있다고 하면 최후의 심판이 무슨 의미가 있느냐고 합니다. 이런 말을 듣고 그렇게 믿으면 안 됩니다.

〈재세례파의 영혼 수면설에 대한 칼빈의 반박서〉

---

10 칼빈이 1534년 오를레앙에서 법학을 공부할 때 썼다고 하고, 1542년 스트라스부르에서 라틴어로 출판해 낸 칼빈의 최초의 신학적인 글로 알려진 이 글은 다음에서 영어로 찾아볼 수 있습니다. (Available at: https://www.monergism.com/thethreshold/sdg/calvin_psychopannychia.html).

우리는 성경이 말하는 대로 해야 합니다. 성경은 죽자마자 예수를 믿는 사람은 곧바로 하나님과 있게 될 것이고 안 믿는 사람들은 그 영혼이 지옥에 있게 될 것이라고 명백히 말하기 때문에 우리는 그것을 받아들입니다. 그러면 주 안에서 죽은 사람들은 어떻게 될까요? 그 사람들에 대해서 소망 없는 다른 이와 같이 슬퍼하지 않게 하려고 그들에 대한 정보도 줍니다. 바울의 말을 다시 들어 보지요.

> **데살로니가전서 4:14**
> **"우리가 예수께서 죽으셨다가 다시 살아나심을 믿을진대.
> 이와 같이 예수 안에서 자는 자들도 하나님이 그와 함께 데
> 리고 오시리라."**

하나님께서 그리스도와 "함께 데리고 오신다"는 그 말속에 죽어 있는 사람들이 누구와 같이 있음을 알 수 있습니까? 예수님과 함께 있음을 알 수 있습니다. 예수님이 있는 그곳에 죽은 성도들도 같이 있습니다. 뭐가 같이 있습니까? 죽은 자들의 영혼이 예수님과 같이 있는 것이지요. 죽자마자 곧바로입니다. 죽자마자 곧바로 믿고서 죽은 사람의 영혼은 "하늘"에 올라가서 주님과 함께 있습니다. 그래서 예수님과 함께 올 것입니다.

부활과 휴거(携擧)

그 후에는 어떻게 됩니까? 다시 바울의 말을 들어 봅시다.

데살로니가전서 4:15
"우리가 주의 말씀으로 너희에게 이것을 말하노니, 주께서 강림하실 때까지 우리 살아 남아 있는 자도 자는 자보다 결코 앞서지 못하리라."

바울이 "우리가 주님의 말씀으로 이것을 너희에게 말하노니"라고 합니다. 주께서 이 땅에 계실 때 하신 말씀으로든지 아니면 계시로 주신 말씀을 전한다는 뜻입니다. 여기서도 "자는 자들"은 죽어 있는 분들입니다. 그러니까 어떻게 됩니까? "주께서 호령과 천사장의 소리와 하나님의 나팔 소리로 친히 하늘에서 강림하실 것이니"라고 합니다(살전 4:16). 예수님께서 다시 오실 상황을 이야기합니다. "호령, 천사장의 소리와 나팔 소리" – 이런 것은 언제나 하나님이 오실 때 표현하는 방법입니다. '신현적 표현'이라고 해요. 신현(神現, theophany), 하나님의 나타나심, 하나님의 현현(顯現)을 이야기하는 것입니다. 그러니까 예수님의 재림을 언제나 신현적으로 표현합니다.

　　여기에 나오는 호령이라는 말은 '헤럴드(Herald)'라는 말입니다. 과거에 왕이 행차할 때 '물렀거라' 하지 않았습니까? 왕이 올 때는 그 앞에 늘 헤럴드가 있습니다. 선포하는 말을 '헤럴드'라고 합니다. 우리나라에 '코리아 헤럴드'가 있지요? 선포하는 말이라는 뜻입니다. 왕이 올 때 그것을 미리 선포하는 말이 있다는 것입니다. 천사장의 나팔 소리 – 이것이 어떤 식으로 나타날지 우리는 모릅니다. 그러나 주께서 오실 때 모든 사람이 알 수 있게 하신다는 말입니다.

예수님께서 다시 오실 때 "그리스도 안에서 죽은 자들이 먼저 일어나고"(살전 4:16하)라고 합니다. 흥미롭지요. 앞에서는 "데리고 오신다"(14절)고 했는데, 여기서는 "일어난다"고 하지요. 하늘에 있던 영혼과 땅에 있던 몸이 다시 결합하는 것입니다. 땅에 있던 몸이 썩은 대로 일어나지는 않겠지요. 여기 놀라운 부활체로의 변화가 있게 됩니다.

부활체의 성격은 어떤 것입니까? 한번 살아서 이제 영원히 죽지 않는 몸으로 일어나는 것입니다. 예수님께서 그렇게 부활체를 가지고 지금도 "하늘"(heaven)에 계시지요. 그 몸으로 다시 오실 것입니다. 우리들도 그렇게 될 것이라고 합니다. 주께서 다시 오실 때 예수를 믿던 사람들을 다시는 병에 들지 아니하고, 다시는 죽지 아니하는 강한 몸으로 주께서 변화시켜 주십니다. 그리고 그 후에는 어떻게 됩니까?

데살로니가전서 4:17
"그 후에 우리 살아 남은 자들도 그들과 함께 구름 속으로 끌어 올려 공중에서 주를 영접하게 하시리니, 그리하여 우

리가 항상 주와 함께 있으리라."

"그 후에 살아남아 있는 자들도" – 그 사람들은 죽지 않았는데, 이 사람들은 이 사람들이 죽었다가 부활체를 입은 그 사람들의 몸과 같은 몸으로 변화합니다. 이 사람들도 부활체를 가지는데, 죽지 않았으니까 부활이라는 말이 적합하지 않지요. 이것은 누구에게 해당하는 것입니까? 예수님께서 다시 오실 때 살아 있는 성도들입니다.

그 후에 우리들이 함께 구름 속으로 "끌어 올려진다"(ἁρπαγησόμεθα)고 하지요? "끌어 올려"(ἁρπάζω)라고 번역된 말을 직역하면 "잡아채져"(snatch, grab, carry off)라고 할 수 있습니다. 이를 라틴어로 '라피에무르'(*rapiemur*)라고 번역한 것으로부터 영어의 랩처(rapture), 우리말로 휴거(攜擧)라는 말이 나왔습니다.

그런데 이 휴거가 무슨 목적으로 일어나는지가 여기 나타납니다. 직역하면 "잡아채져서 주를 영접하게 하시리니"라고 합니다(살전 4:17). 우리가 휴거되는 목적이 무엇이라고 언급되었습니까? 주님을 영접하는 것이라고 하지요? 여기 영접이라는 말이 굉장히 중요합니다. 이는 '아판테시스'(ἀπάντησις)라는 말인데, 이것은 공식적인 영접을 뜻합니다. 대개는 로마 황제 사절이 오면, 각 도시의 사절단들이 영접하던 것을 사용할 때 쓰는 말입니다. 예를 들어서, 그런 분들이 온다고 하면 그분을 맞이하러 가지 않습니까? 맞으러 갔으면 어떻게 하지요? 최종 목적지로 모시고 오지요.

마찬가지로 우리가 휴거되어서 공중으로 올라가는 것은 이 땅으로 오시는 예수님을 만나는 것만이 목적이 아니고, 만나서 모셔 오기 위한 것입니다. 그 후에 이 땅에서 주님께서 심판을 행하실 것이고 그 다음 단계의 일이 이루어질 것입니다. 데살로니가전서에서는 그것을 "우리가 항상 주와 함께 있으리라"고 합니다.

이처럼 성경은 휴거가 있다고 합니다. 그런데 언제 휴거가 일어납니까? 모든 사람들이 알 수 있게 예수님이 다시 오실 때 일어납니다. 이 세상에 『휴거』(*Left Behind*)라는 책이 있지요? 그것은 정말 이상하고 잘못된 책입니다. 그런데 이 책이 80만 권 이상 팔렸답니다. 잘못된 책들이 막 돌아다니고 있습니다. 그 모든 것들이 성경적 개념으로 고쳐져야 합니다.

천년왕국

이제 오늘 두 번째 주제인 '예수님이 이렇게 오시고 난 다음에 천년왕국이 있을까요?' 라는 주제로 가보도록 하겠습니다. 이것은 순전히 요한계시록을 어떻게 해석하느냐에 따라서 이해되어야 합니다. 왜냐면 천년왕국이 언급된 것은 요한계시록 뿐이기 때문입니다. 사람들은 천년왕국을 다른 데에 막 집어넣어서 이해하려고 합니다. 그러나 그런 것은 정당한 것이 아닙니다. 요한계시록 20장에 "천년왕국"에 대한 가르침이 나옵니다. 우선 20장에 "천년왕국"에 대한 가르침이 나타난 전후 문맥을 살피며 우리 입장을 정리해야 합니다.

요한계시록 20:1-2
"또 내가 보매 천사가 무저갱의 열쇠와 큰 쇠사슬을 그의 손에 가지고 하늘로부터 내려와서 용을 잡으니, 곧 옛 뱀이요 마귀요 사탄이라. 잡아서 천 년 동안 결박하여."

"또 내가 보매" – 요한이 하나님께서 보여 주시는 계시를 보는 것입니다. 그 내용은 천사가 무저갱의 열쇠와 큰 쇠사슬을 그의 손에 가지고 하늘로부터 내려와서 용을 잡는 것입니다. 요한이 보기에 천사가 용을 잡는 것이 보입니다. 그런데 그 용이 "옛 뱀이요, 마귀요, 사탄"이라고 했어요. 여기서 주의해야 합니다. 여기서 옛 뱀이라는 말은 창세기 3장을 생각하게 합니다. 오해하면 안 됩니다. '그때 인간을 유혹했던 뱀이 사탄이었구나'라고 오해하면 안 됩니다. 옛 뱀의 배후에서 작용했던 것이 사탄입니다. 이 말씀에 근거해서 '옛 뱀 = 마귀 = 사탄'이라는 논리를 펴는 분을 옛날에 만난 적이 있어요. 아주 신실한 그리스도인인데도 그랬어요. 성경이 사탄이 옛 뱀이라고 했다. 그러니까 사탄이 뱀으로 나타난 것이라고 이야기를 하고, 그러니까 사탄을 하나님이 만드셨다고 생각하셨던 것입니다. 그것이 잘못된 생각입니다.

사탄은 하나님이 창조하신 천사들 가운데 여러 천사들이 반역했는데, 그때 반역한 우두머리를 이야기합니다. 그 우두머리를 맨 처음에는 이름을 정확히 안 붙였어요. 그런데 이 세상에서 누군가가 그가 하나님께 "대적하는 존재"이므로 그를 하나님을 대적하는 자라는 뜻으로 '사탄'(שָׂטָן)이라고 하기 시작했습니다. 그전에 사탄은 모든 정황에서 대적하는 사람을 지칭하는 일반명사였습니다(민 22:22, 32; 삼상 29:4; 삼하 19:22; 왕상 5:4). 사람들끼리도 대적하는 사람은 저는 나의 대적이라는 뜻으로 '사탄'(שָׂטָן)이라고 쓰기도 했습니다(삼상 29:4; 삼하 19:22; 왕상 5:4; 왕상 11:14; 왕상 11:23; 왕상 11:25; 시 38:20; 시 71:13; 시 109:4, 20, 29). 그러다가 우리 하나님한테 반역하는 존재인 "그 반역자"를 지칭해서 그 앞에 정관사를 붙여서 "하사탄"(הַשָּׂטָן)으로 쓰기 시작했습니다(욥 1:6-9, 12; 2:1-7; 슥 3:1, 2). 그러다 정관사 "하" 자가 없어도 그냥 "사탄"하면 하나님을 대적하는 존재로 생각하게 되었습니다(시 109:6(?); 대상 21:1).

그런 의미의 '사탄'은 하나입니다. 사탄 아래 수많은 타락한 천사들이 일종의 조직체를 형성하고 있습니다. 그들이 서로 분쟁하지 않고 일종의 조직체를 가지고 하나님을 반역하고 있습니다. 성경에서 사탄(ὁ Σατανᾶς)과 마귀(ὁ διάβολος)가 같은 것으로 나타납니다. 사탄이 하나임을 다 압니다. 그런데 사탄과 마귀가 같다고 했지요? 그러

면 마귀가 몇이죠? 사탄이 하나니까 마귀도 하나지요. 찬송
가에 문제가 있는 찬송이 있습니다. "마귀들과 싸울지라."
그 찬송에 마귀라는 말이 복수로 표현되었지요? 잘못된 것
입니다. 언젠가는 고쳐야 합니다. 사탄과 마귀는 같은 것입
니다. 그리고 그 휘하에 있는 타락한 천사들을 성경에서
"악한 영들"(evil spirits)이라고 표현합니다. 우리말 성경
에서는 귀신(鬼神)이라고 표현했는데, 이 귀신은 죽은 사람
의 영혼이 아닙니다. 주의해야 합니다. 우리는 귀신들이 있
음을 압니다. 예수님께서 귀신을 쫓아내신 것을 압니다. 그
러나 그 귀신이 죽은 사람의 영혼이 아니라는 것을 명백히
해야 합니다. 사탄 또는 마귀 휘하에 있는 타락한 천사들을
성경에서 귀신(鬼神)이라고 했습니다. 여기서 그 우두머리
인 사탄을 천사가 잡았어요.

요한계시록 20:3
"무저갱에 던져 넣어 잠그고 그 위에 인봉하여 천 년이 차
도록 다시는 만국을 미혹하지 못하게 하였는데, 그 후에는
반드시 잠깐 놓이리라."

그래서 일천 년 동안 사탄이 인봉되어 있는 무저갱에 있는
기간이 있다고 합니다.

기본적 전제: 요한계시록의 구조를 어떻게 이해할 것인가?

그런데 이것을 문자적으로 생각하느냐, 영적으로 생각하느냐에 따라 입장이 다릅니다.

(1) '역사적 전천년설'의 천년왕국 이해

문자적으로 생각하는 분들은 대개 요한계시록이 장차 될 일을 순차적으로 제시하고 있다고 하면서, 따라서 19장부터도 순차적으로 보아야 한다고 합니다. 만약 요한계시록을 정밀하게 연구한 결과, 요한계시록은 장차 될 일을 순차적으로 이야기했다면 그렇게 보아야 할 것입니다. 19장에 예수 그리스도께서 재림하여 오시는 것에 대한 묘사가 있습니다.

> 요한계시록 19:11-13
> "또 내가 하늘이 열린 것을 보니, 보라! 백마와 그것을 탄 자가 있으니, 그 이름은 충신과 진실이라. 그가 공의로 심판하며 싸우더라. 그 눈은 불꽃같고, 그 머리에는 많은 관들이 있고, 또 이름 쓴 것 하나가 있으니 자기밖에 아는 자가 없고, 또 그가 피 뿌린 옷을 입었는데 그 이름은 하나님의 말씀이라 칭하더라."

이 말씀이 무슨 말인지 알겠지요? 요한복음 1장 1절에 "태초에 말씀이 계시니라"고 했던 그 "말씀"이신 그분, 즉 '로고스'(ὁ λόγος)시라는 것을 알 수 있습니다. 그러니까 이분이 그리스도이시지요. 그래서 11절에서 "충신과 진실," 즉 신실하신 분(πιστὸς)과 참된 분(ἀληθινός)이라고 했을 때 벌써 누군지 짐작하고 있었는데, 여기 '로고스'라는 말에서 이분이 그리스도라는 것이 아주 더 분명해집니다. 요한은 이렇게 봤습니다.

요한계시록 19:16
"그 옷과 그 다리에 이름을 쓴 것이 있으니, 만왕의 왕이요 만주의 주라 하였더라."

요한계시록을 오해하면 안 됩니다. 예수님이 재림하여 오실 때 실제로 백마 타고 많은 관을 쓰고 오시는 것으로 오해하면 안 됩니다. 백마를 타고 온다는 것은 고대 사회에서 승리자라는 것을 상징적으로 보여 주는 것입니다. 그리스도께서 재림 때에 승리자로 오신다는 것입니다. 많은 관은 무엇일까요? 이 세상에 모든 것을 통치하는 만왕의 왕과 만주의 주로 오신다는 것을 의미합니다. 그것을 가르쳐주기 위해 요한에게 백마를 타고 오는 것으로 보이신 것입니다. 그러므로 예수님께서 재림하실 때 실제로 그렇게 올 것이라고 오해하면 안 됩니다. 예수님은 어떻게 오실 것입니까? "가심을 본 그대로 올 것"이라고 했으니(행 1:11), 가신 대로 그대로 오실 것입니다. 백마를 타고 오시지 않을 가능성이 더 큽니다. 이것은 성경을 안 믿는 것이 아니라, 성경을 제대로 해석하는 것입니다. 요한계시록이 순차적으로 이루어졌다고 생각하면 예수님의 재림이 있고 나서 천 년 동안의 일이 있는 것이라고 해석하게 됩니다. 이런 해석은 다음 구절도 그 구조에 맞추어 해석합니다.

요한계시록 20:4

"또 내가 보좌들을 보니 거기에 앉은 자들이 있어 심판하는 권세를 받았더라. 또 내가 보니 예수를 증언함과 하나님의 말씀 때문에 목 베임을 당한 자들의 영혼들과 또 짐승과 그의 우상에게 경배하지 아니하고 그들의 이마와 손에 그의 표를 받지 아니한 자들이 살아서 그리스도와 더불어 천 년 동안 왕 노릇 하니."

그래서 이것을 문자적으로 생각하는 분들은 여기서 첫째 부활도 문자적으로 해석합니다. 천년왕국이 있기 전에 예수님께서 재림하여 오시니까 그때 이 사람들이 살아난다고 합니다. 그래서 이 살아난 사람들이 천 년 동안 그리스도와 더불어 왕 노릇을 할 것이라고 합니다. 이렇게 예수님께서 천 년 동안 다스리는 기간을 '천년왕국'이라고 표현합니다.

그래서 19장에 예수님이 오시고, 20장에 천년왕국이 있고, 21장을 보니까 천년왕국이 지나고, 새 하늘과 새 땅이 온다고 생각하는 것입니다. 이것을 천년왕국 전에 예수님이 재림한다는 "천 년 전 재림설", 즉 '전천년설'(premillennialism)이라고 합니다. 이런 전천년설 (pre-mil.)은 요한계시록의 계시는 순차적으로 계시하고 있다는 입장입니다. 이런 입장의 대표적인 사람이 우리나라 최초의 조직신학자인 박형룡, 신구약 성경에 대한 주석을 다 쓰신 박윤선 목사님, 그리고 미국에 조지 래드 (George Ladd) 같은 분입니다.[11]

(2) 세대주의적 전천년설과 그 문제점

이것은 세대주의적인 전천년설과는 구분되어야 합니다. 세대주의적 전천년설은 천년왕국과 관련해서 여기서 이야기하지 않은 것을 많이 집어넣어 해석합니다. 그분들은 구약의 선지적 말씀을 문자적으로만 해석하려고 합니다. 그 결과 천년왕국 때에 예루살렘에 성전이 세워지고, 다시 제단을 쌓고 제사를 드린다고 합니다. 그 제사는 옛 구약의 제사와는 달리 예수님께서 우리를 위해서 속죄를 이루실 것을 기념하는 제사가 될 것이라고 합니다. 그러므로 세대주의자들에게는 유대인이 예루살렘을 차지하는 것이 매우 중요한 일이 됩니다. 지금은 예루살렘 그 성전 자리에 이슬람의 모스크가 있습니다. 이슬람교도들이 그곳에서 모하메드

---

11 그 외에도 다음 같은 분들의 요한계시록 해석을 보십시오. Charles Spurgeon, James Montgomery Boice, Carl F. H. Henry, Gordon Clark, Francis Schaeffer, John Piper, D. A. Carson, Bryan Chapell, 그리고 Albert Mohler.

가 승천했다고 믿고, 그것을 기념하여 모스크를 지어 놓았습니다. 이슬람교도들은 끝까지 모스크를 지키려 합니다. 정통적 유대인들은 모스크를 허물고 성전을 세워야 한다고 생각합니다. 더 정신나간 사람들은 모스크도 성전도 아니고, 예배당을 세우려 합니다. 다 정신나간 생각입니다.

성경 어디에도 천년왕국 시기에 예루살렘에 성전이 세워질 것이라는 말도 없고, 그곳에 제단이 세워져서 다시 제사를 드릴 것이라는 말도 없습니다. 그런 이야기를 하는 사람들은 언제나 위험합니다. 그래서 이 사람들이 하는 운동이 복음이 예루살렘에서 시작되어 온 세상을 돌아 다시 예루살렘으로 와야 한다는 'Back to Jerusalem'(BTJ) 운동을 합니다. 이런 것이 다 세대주의적 이해이며 잘못된 것입니다.

(3) 무천년설의 천년왕국 이해

그 모든 잘못을 거둬내고 요한계시록의 계시 자체가 순차적으로 되어 있다는 확신을 가진 분들은 위에서 언급한 '역사적 전천년설'을 가지게 됩니다.

그런데 요한계시록을 잘 살펴보면 예수님의 초림에서 재림까지의 이야기를 한 번 하고, 그 다음에 그것을 더 자세히 이야기하고 또 다시 말하고 하는 것을 반복해서 말하는 것으로 보이기도 합니다. 왜냐하면 재림, 심판에 해

당하는 이야기가 곳곳에 많이 나오기 때문입니다. 이것을 주의하는 분들은 요한계시록의 4-5장에 천상 교회 이야기 뒤에 예수님의 초림에서 재림까지를 여러 번 반복해서 말하고 있다고 합니다. 이것이 요한계시록을 "점진적 병행법"(progressive parallelism)으로 해석하는 것입니다. 6장-7장이 일곱 인봉(7 seals)을 떼는 것을 중심으로 고난받는 교회와 마지막에 그리스도께서 오셔서 심판하시는 것을 한 번 이야기하고, 8-11장에서 다시 천사들이 일곱 나팔(the seven trumpets) 부는 것을 중심으로 교회의 환난과 하나님의 보호와 종국적 승리에 대해서 다시 말하고, 12-14장에서 그리스도의 탄생부터 두 짐승으로 표상된 이라는 사탄의 조력자들에 의한 교회의 고난과 그리스도의 승리를 다시 말하고, 15-16장에서 일곱 대접(the seven bowls)의 재난과 그리스도의 승리를 또 말하고, 다시 17-19장에서 세상의 종국적 심판에 대해서 강조하면서 말하고, 20장에서 다시 처음으로 가서 그리스도 사건의 천상적 의미를 말하고, 그 환난의 어려운 시기를 말하고 그 후에 심판과 영원한 지복의 새 하늘과 새 땅을 말하는 것으로 이해하는 것입니다.[12]

---

12 이런 점진적 병행법의 선구자는 역시 윌리엄 헨드릭슨 (William Hendriksen, *More Than Conquerors* [Grand Rapids; Baker, 1940]; 그리고 *Three Lectures on the Book of Revelation* [Grand Rapids: Zondervan, 1949])과 안토니 후크마(Anthony Hoekema, *The Bible and the Future* [Grand Rapids: Eerdmans, 1979])입니다. 그 외에 다음 저자들의 저작들도 보십시오. R. C. H. Lenski, Michael Wilcock, Richard Bauckham, William E. Cox, Leon Morris, Kim Riddlebarger,

요한계시록의 1-3장의 7교회 이야기와 4-5장 천상 교회에 대한 해석은 기본적으로 대부분 비슷합니다. 6장부터 해석이 달라집니다. 요한계시록 6장부터 22장까지를 순차적으로 보면 무조건 역사적 전천년설이 됩니다. 그렇지 않고 7장서부터 처음부터 마지막까지 이야기를 여러 번 반복했다고 보면 무천년설 입장을 가지게 됩니다.

둘 다 가능한 견해들, 열매 있는 토론의 가능성

요한계시록을 정확히 모르면 자기 입장이 없습니다. 공부는 하지 않았지만 무슨 입장이라는 것은 있을 수 없습니다. 상당히 많은 그리스도인들은 이 문제는 잘 모르겠다고 합니다. 이 문제는 잘 몰라도 괜찮습니다. 역사적 전천년설도 무천년설도 다 가능한 해석입니다. 물론 둘 다 옳을 수는 없습니다. 예수님께서 다시 오실 때 과연 누가 옳은지 드러나게 됩니다. 예수님께서 오셨는데 천년왕국이 시작되고, 그 후에 사탄이 잠깐 놓이고 다시 심판을 하시고 새 하늘과 새 땅이 있게 된다면 역사적 전천년설이 옳은 것이 됩니다. 그렇게 되면 무천년설을 주장하던 사람들은 머리를 긁적이며 "우리가 틀렸네요" 할 것입니다. 그때 주님께서 "너는 틀렸으니 지옥으로 가라"고 하지 않습니다. 이 문제에 있어

David J. Engelsma, Stephen S. Smalley, Vern Poythress, Simon J. Kistemaker, G. K. Beale, Dennis E. Johnson, Cornelis P. Venema.

서는 누구든지 틀릴 수 있습니다.

　　만일 예수님이 다시 오시고 곧바로 영원 세계가 열리고 중간에 천년왕국이 없으면 무천년설이 옳은 것입니다. 그러면 역사적 전천년설을 주장하던 분들이 "우리가 틀렸네요" 하면서 그 새 하늘과 새 땅에 같이 있게 됩니다. 이 둘 중에는 어느 입장을 주장한다고 해서 이단이 되지 않습니다. 요한계시록을 공부하면서 어떤 것이 보다 정확한 해석인지 서로 재미있게 토론할 수 있는, 그리고 의견이 서로 다를 수 있는 재미있는 주제가 됩니다.

　　우리가 성경을 해석을 하면서 어떤 것은 분명히 붙잡아 옳다고 하면서 우리 목에 칼이 들어와도 틀리지 않다고 주장해야 하는 것이 있습니다. 예를 들어서, 창세기에 하나님이 태초에 천지를 창조하셨다는 가르침이 그런 것입니다. 그 하나님이 삼위일체 하나님이시라는 것도 역시 양보할 수 없는 진리로 붙들어야 합니다. 또한 예수님께서 십자가에 돌아가셔서 우리 죄를 다 속죄하셨고, 따라서 주께서 홀로 이루신 구원을 믿어야만 구원받는다는 이신칭의의 가르침도 변할 수 없는 진리로 붙들고 있어야 합니다. 또한 예수님께서 다시 오신다는 것도 철저히 믿어야 합니다. 이렇게 핵심적인 것들이 있습니다. 이런 것들에는 다양한 해석의 여지가 없습니다. 성경에 근거해서 동정녀 탄생과 예수님의 양성과 그리스도의 대속과 이신칭의와 예수님의 역사적 부활과 예수님의 재림을 그대로 믿어야 합니다.[13]

그러나 성경 해석상 이럴 수도 저럴 수도 있는 것들은 둘 다 인정해야 합니다. 그런데 그와는 달리 아주 핵심적인 것에 대해서 이럴 수도 있고 저럴 수도 있다고 하는 것은 어리석은 것입니다. 성경이 절대적으로 믿으라고 하는 것은 절대적으로 믿어야 하고, 성경을 해석하면서 이럴 수도 저럴 수도 있는 것에 대해서는 성경 전체로 봐서 어떤 것이 옳은지 생각해야 합니다.

그렇게 볼 때 요한계시록이 6장부터 의도적으로 앞으로 될 일을 순차적으로 계시하고 있다면 역사적 전천년설을 취하게 됩니다. 그러나 계시록이 처음부터 마지막까지를 여러 번 이야기한다면, 그래서 19장에서 예수님의 재림으로 마지막까지 이야기하고, 20장에서 다시 처음부터 이야기하는 것이라면, 20장의 천년에 대한 이야기는 예수님의 초림 후 하나님 나라가 영적으로 임하여 있는 영적인 천년왕국의 시작을 이야기하는 것이 됩니다. 그렇게 되면 천년왕국은 문자적으로 천 년 동안의 통치 이야기가 아닙니다. 초림과 재림 사이가 천년왕국이 되는 것입니다.

그러므로 "무천년설"(amillennialism)이라는 말을 오해하면 안 됩니다. 무천년설은 천년왕국이 없다는 것이 아니라, 천년왕국이 이미 예수 그리스도로 우리 가운데 있다는 것입니다. 그래서 우리는 영적으로 살았다고 이야기합니다. 계시록 20:4의 "살아서"(ἔζησαν)를 영적 부활로

---

13 이런 변할 수 없는 것들을 요약하여 제시한 이승구, 『데이비드 웰스와 함께 하는 하루』(서울: 말씀과 언약, 2021), 27-28, 73-84를 보십시오.

이해합니다. 우리는 이 땅에 사는 것을 그리스도와 더불어 천 년 동안 왕노릇 하는 것으로 보기도 합니다. 예수님께서 이 세상에 오셨을 때 강한 자를 결박하셨고 이것을 요한이 사탄을 무저갱에 가둔 것으로 본 것도 우리는 영적으로 해석하는 것입니다. 칼빈은 이것을 사탄은 무저갱에 결박되어 있고 그 사탄이 무저갱으로부터 "쇠사슬을 길게 늘어뜨리며 이 세상에서 활동한다"고 해석합니다. 그 활동의 제약이 있다는 것입니다. 무저갱에 갇혀 있다고 표현했으니 사탄의 활동이 없어야 한다고 문자적 해석을 하는 사람들이 가끔 있습니다. 그것에 동의하면 역사적 전천년설에 동의하는 것입니다. 역사적 전천년설은 천년왕국 동안에는 사탄의 활동 없이 그리스도가 통치한다고 보기 때문입니다. 그 후에는 어떻게 됩니까?

요한계시록 20:7-8
"천 년이 차매, 사탄이 그 옥에서 놓여 나와서, 땅의 사방 백성 곧 곡과 마곡을 미혹하고 모아 싸움을 붙이리니. 그 수가 바다의 모래 같으리라."

어떻게 보든지, 천년왕국 이후

옛날에 이스라엘 백성이 점령했던 왕 가운데 '곡'이라는 왕이 있었습니다. 그를 생각하면서 이 세상 사람들이 예수

그리스도의 통치를 받다가 사탄의 편을 들어서 그리스도와
성도들과 전쟁을 벌이는 것을 "곡과 마곡의 전투"라고 요한
계시록은 말합니다. 마지막은 어떻게 됩니까?

> 요한계시록 20:9
> "그들이 지면에 널리 퍼져 성도들의 진과 사랑하시는 성을
> 두르매, 하늘에서 불이 내려와 그들을 태워버리고."

만일에 예수님께서 다시 오지 않으시면 하나님의 백성들이
전멸하게 된다고 묘사하고 있습니다. 사탄 편을 드는 사람
들이 "성도들의 진과 사랑하시는 성을"에워싼다고 했습니
다. 그런데 그리스도께서 놀랍게 사탄 편을 전멸시키는 것
을 "하늘에서 불이 내려와 그들을 태워버리고."라고 했습니
다. 그리하여 마지막에 불신자와 사탄에 대한 심판이 있다
고 합니다.

> 요한계시록 20:10
> "또 그들을 미혹하는 마귀가 불과 유황 못에 던져지니, 거
> 기는 그 짐승과 거짓 선지자도 있어 세세토록 밤낮 괴로움
> 을 받으리라."

성경에 의하면, 사탄은 지옥에서 심판을 받습니다. 사탄이
라는 존재가 없어지면 그는 세세토록 밤낮 괴로움을 받을
수 없습니다. 그러나 성경에 의하면 사탄도 영원토록 계속

되는 존재가 됩니다. 사탄만 그런 것이 아니라 불신자도 마찬가지입니다. 어떤 식으로 괴로움을 얻는지 성경에서 구체적으로 이야기하지는 않습니다. 그러나 주님께서 사탄을 형벌하시리라고 합니다.

최후 심판에 대해서

최후 심판에 대한 요한계시록의 묘사를 생각해 보시지요.

> 요한계시록 20:11
> "또 내가 크고 흰 보좌와 그 위에 앉으신 이를 보니, 땅과 하늘이 그 앞에서 피하여 간 데 없더라."

이것이 "새 하늘과 새 땅"에서의 최후심판 상황입니다. 그런데 그때 어떻게 되느냐를 다음과 같이 묘사합니다.

> 요한계시록 20:12
> "또 내가 보니, 죽은 자들이 큰 자나 작은 자나 그 보좌 앞에 서 있는데, 책들이 펴 있고 또 다른 책이 펴졌으니 곧 생명책이라. 죽은 자들이 자기 행위를 따라 책들에 기록된 대로 심판을 받으니."

여기 두 종류의 책 이야기가 나옵니다. 하나는 복수로 "책들"이라고 되어 있고, 하나는 단수로 나옵니다. 단수로 나온 것은 "생명책"이라고 합니다. 생명책에 기록된 사람들은 다 구원받습니다. 그 사람들을 위해 예수님께서 그 피를 흘리셨고 그 피는 한 방울도 헛되지 않습니다. 그 사람들의 이름은 다 생명책에 있습니다.

복수의 책들은 각 사람이 이 땅에서 산 삶의 내용이 기록된 책들입니다. 맨 마지막에 이 책들이 있을까요? 그렇다면 얼마나 많은 책들이 될까요? 그러나 하나님은 무엇을 잊어버리는 것이 하나도 없습니다. 그런데 구약성경에서는 하나님의 기념 책(book of remembreance), 즉 하나님의 기억을 위한 비망록이라는 표현이 나옵니다(말 3:16). 엄밀히 말하면 하나님께는 이런 비망록이 있을 필요가 없습니다. 혹시 기록이 있다면 그 기록물은 순전히 우리를 위한 것입니다. 요한은 복수로 된 우리 행위의 책에 따라서 우리가 심판을 받는 것을 보았습니다.

누구든지 생명책에 기록되지 못한 자는 불못에(εἰς τὴν λίμνην τοῦ πυρός) 던져집니다. 이 불못은 "종국적 지옥"을 표현하는 요한계시록의 표현입니다. 우리도 우리의 행위가 어떠했다는 것이 다 드러날 것입니다. 우리 모두가 그것만 가지고 따지면 모두 불 못에 던져질 사람들입니다. 예수 믿기 전 우리 모습은 말할 것도 없고, 예수 믿은 다음에 우리가 주를 위해 애쓴다 하지만 늘 부족하니까 그것만 따지면 우리는 그래야 마땅합니다.

그런데 그때 그 심판자가 우리를 위해 피를 흘리시

고 형벌을 받으신 우리 주 예수 그리스도입니다. 그 심판자가 우리를 변호하십니다. 그래서 우리는 오로지 예수 그리스도의 공로로 의롭다 인정함을 받고, 그리스도 때문에 공적(公的)으로 의롭다고 선언될 것입니다. 우리들이 생명책에 기록된 자임이 드러납니다. 우리의 행위로 받는 것이 아닙니다. 그래서 우리는 더 큰 찬송을 드리고 감사함이 넘치게 됩니다.

천년왕국 문제의 결론

마지막으로 정리해 봅시다. 천년왕국에 대해서 어떻게 생각해야 할까요? 둘 중 하나입니다. 요한계시록이 앞으로 될 일을 순차적으로 기록된 책이라면 우리는 예수님이 재림하여 오시고 천년왕국이 있고, 그 후에 사탄이 잠깐 놓여서 곡과 마곡의 전투가 있은 후 영원한 세계, 즉 새 하늘 새 땅이 열리는 것을 보게 될 것입니다[역사적 전천년설]. 아니면 예수님이 다시 오셔서 영원한 세계가 있을 것이라고 해야 합니다. 그렇다면 지금 우리가 살고 있는 이 시기가 영적으로 천년왕국이라는 것을 알게 됩니다[무천년설]. 어떤 입장을 취해도 괜찮습니다. 앞으로 요한계시록을 더 공부하시면서 어떤 것이 더 옳을까 하고 탐구하시면 됩니다. 이것은 예수님을 신실하게 믿는 사람들이 기쁨을 가지고 서로 토론할 만한 좋은 논의거리입니다. 이 논의의 결과로 그 누구도 이단이 되지 않습니다.

단지 세대주의적 입장은 문제입니다. 천년왕국에 대한 해석도 문제이지만, 세대주의자들은 재림도 두 가지로 나누어 생각하는데, 이것도 심각한 문제입니다. 우리들이 자꾸 공격하니까 얼마 전부터는 "한 재림의 두 국면"이라고 세대주의자들이 이야기합니다. 맨 처음은 은밀하게 공중으로 오신다고 하면서 그때 우리가 휴거한다고 합니다. 그 후 7년 동안 세상은 환난이 있고 신실한 신자들은 공중에서 어린 양의 혼인 잔치를 하고, 7년 후 이 땅에 천년왕국이 있다고 세대주의자들은 주장합니다. 그러나 이것은 잘못된 생각입니다.

우리는 마태복음에서도 또한 요한계시록에서도 이것과는 다른 가르침을 얻게 됩니다. 성경 전체적으로 예수님께서 다시 오실 때까지는 성도들이 어려움 가운데 있어서 경건하게 살고자 하는 자는 핍박을 당하며(딤후 3:12; 마 5:10; 막 10:30; 고전 4:12; 고후 4:9 등 참조), 특히 예수님께서 오시기 전에는 굉장한 어려움이 있으니 진정한 신자들은 언제나 그 어려움을 잘 견디어 나가도록 권면하고 있습니다. 그런 사람들에게는 예수님이 다시 오시는 것이 큰 소망입니다. 세대주의자들은 휴거가 큰 소망이라고 이야기합니다. 그러나 성경에 의하면 휴거가 큰 소망이 아니라 예수 그리스도께서 다시 오시는 것이 우리의 큰 소망입니다.[14]

---

14 세대주의 입장을 비판하면서 성경적 입장을 잘 드러

디도서 2:13

"복스러운 소망과 우리의 크신 하나님 구주 예수 그리스도
의 영광이 나타나심을 기다리게 하셨으니."

이 구절은 "복스러운 소망" 곧 "우리의 크신 하나님 구주 예
수 그리스도의 영광이 나타나심"이라고 이해하는 것이 옳습
니다. 우리들은 참으로 이 큰 소망을 가진 사람들답게 잘못
된 가르침에 밀려 이리저리 요동하지 말고, 하나님 나라 안
에 있어서 성령님에게 인도함을 받는 참 하나님의 백성의 역
할을 잘 할 수 있기를 바랍니다. 같이 기도하시지요.

마침 기도

"거룩하신 주님! 감사합니다. 이런 시간을 주셔서, 지난 시
간에 이어서 신약 성경이 말하는 종말이 어떤 것이고, 천년
왕국이 어떠한 것인지를 잘 정리할 수 있게 하심을 감사드
립니다. 이 말씀에 근거하여서 성경에만 근거하여 우리 모
든 생각을 정리하게 하시고, 성경의 가르침에 우리 모든 것
을 걸게 하시며, 우리들이 성경을 중요시하는 사람들답게

내는 George E. Ladd, *The Blessed Hope* (Grand Rapids: Eerdmans, 1956), 또한 *The Last Things* (Grand Rapids: Eerdmans, 1978), 개정역, 『죠지 래드의 종말론 강의』 (서울: 이 레서원, 2017)도 보십시오.

정말 성경이 가라는 데까지 가고, 성경이 멈추어 서는 데서 멈추어 서며, 성경대로 살려고 성령님을 의존하여서 애쓰는 사람들이 될 수 있도록 인도하여 주소서. 우리 주 예수 그리스도의 이름으로 기도하옵나이다. 아멘."

저자 소개

지은이는 개혁신학을 전문적으로 연구하는 이로서 현재 합동신학대학원대학교 조직신학 교수로 있다. 총신대학교 기독교 교육과를 졸업(B. A.)하고, 서울대학교 대학원에서 윤리학과 가치 교육에 관한 논문으로 석사 학위를 취득하고, 합동신학원을 졸업하였으며, 영국 The University of St. Andrews 신학부에서 연구(research)에 의한 신학 석사(M. Phil., 1985) 학위와 신학 박사(Ph. D., 1990)를 취득하였고, 미국 Yale University Divinity School에서 연구원(Research Fellow)으로 있다가(1990-1992) 귀국하여, 웨스트민스터신학원(1992-1999)과 국제신학대학원대학교(1999-2009)에서 조직신학 교수, 부총장 등을 역임한 후 지금은 합동신학대학원대학교의 조직신학 교수로 있다.

그 동안 한국장로교신학회, 한국개혁신학회 회장을 역임하였으며, 한국 복음주의신학회 회장으로 섬기고 있다.

그 동안 다음 같은 책을 내었다.

『현대 영국 신학자들과의 대담』(대담 및 편집). 서울: 엠마오, 1992.
『개혁신학에의 한 탐구』. 서울: 웨스트민스터 출판부, 1995, 재판, 2004.
『교회론 강설: 교회란 무엇인가?』. 서울: 여수룬, 1996, 2판, 2002. 개정. 서울: 나눔과 섬김, 2010. 4쇄, 2016. 재개정판. 서울: 말씀과 언약, 2020.
『하이델베르크 요리문답 강해 1: 진정한 기독교적 위로』. 서울: 여수룬, 1998, 2002. 개정판. 서울: 나눔과 섬김, 2011. 2쇄, 2013. 3쇄, 2015. 서울: 이레서원, 2001, 2003, 2009, 2013, 2015. 재개정판. 말씀과 언약, 2022.
『하이델베르크 요리문답 강해 2: 성령의 위로와 교회』. 서울: 이레서원, 2001, 2003, 2009, 2013, 2015, 2020.
『인간 복제: 그 위험한 도전』. 서울: 예영, 2003, 개정판, 2006.
『기독교 세계관이란 무엇인가』. 서울: SFC, 2003, 개정판 5쇄, 2009. 재개정, 2014, 2016.
『기독교 세계관으로 바라보는 21세기 한국 사회와 교회』. 서울: SFC, 2005; 2쇄, 2008; 5쇄, 2016. 개정판. 서울: CCP, 2018.
『사도신경』. 서울: SFC, 2005, 개정판, 2009. 재개정판, 2013,

2015.

Kierkegaard on Becoming and Being a Christian. Zoetermeer: Meinema, 2006.

『21세기 개혁신학의 동향』. 서울: SFC, 2005, 2쇄, 2008. 개정판. 서울: CCP, 2018.

『한국 교회가 나아갈 길』. 서울: SFC, 2007, 2011. 개정판. 서울: CCP, 2018.

『코넬리우스 반틸』. 서울: 도서출판 살림, 2007, 2012.

『전환기의 개혁신학』. 서울: 이레서원, 2008, 2쇄, 3쇄, 2016.

『광장의 신학』. 수원: 합신대학원출판부, 2010, 2쇄.

『우리 사회 속의 기독교』. 서울: 도서출판 나눔과 섬김, 2010, 2쇄.

『개혁신학 탐구』. 서울: 하나, 1999, 2001. 개정. 수원: 합신대학원 출판부, 2012.

『톰 라이트에 대한 개혁신학적 반응』. 수원: 합신대학원 출판부, 2013. 2쇄.

『거짓과 분별』. 서울: 예책, 2014.

『우리 이웃의 신학들』. 서울: 도서출판 나눔과 섬김, 2014. 2쇄, 2015.

『위로 받은 성도의 삶』. 서울: 나눔과 섬김, 2015. 개정판, 서울: 말씀과 언약, 2020.

『묵상과 기도, 생각과 실천』. 서울: 도서출판 나눔과 섬김, 2016.

『성경신학과 조직신학』. 서울: SFC, 2018.

『하나님께 아룁니다』. 서울: 말씀과 언약, 2020.

『교회, 그 그리운 이름』. 서울: 말씀과 언약, 2021.

『데이비드 웰스와 함께 하는 하루』. 서울: 말씀과 언약, 2021.

저자 번역선

Bavinck, Herman. *The Doctrine of God.* 「개혁주의 신론」 서울: 기독교문서선교회, 1988, 2001.

Berkouwer, G. C. *Church.* 나용화와 공역. 「개혁주의 신론」 서울: 기독교문서선교회, 2006.

Bockmuehl, K. *Evangelical Social Ethics.* 「복음주의 사회 윤리」 서울: 엠마오, 1988.

Bloesch, Donald. *Ground of Certainty.* 「신학 서론」 서울: 엠마오, 1986.

Clark, James Kelly. *Return to Reason.* 「이성에로의 복귀」 서울: 여수룬, 1998.

Harper, Norman E. *Making Disciples.* 「현대 기독교 교육」 서울: 엠마오, 1984. 개정역. 서울: 토라, 2005.

Holmes, Arthur. *The Contours of a World View.* 「기독교 세계관」 서울: 엠마오, 1985. 서울: 솔로몬, 2017.

Helm, Paul. *The Providence of God.* 「하나님의 섭리」 서울: IVP, 2004.

Hesselink, I. John. *Calvin's First Catechism: A Commentary.* 조호영과 공역. 『칼빈의 제 1차 신앙교육서: 그 본문과 신학적 해설』. 서울: CLC, 2009.

Hick, John, Clark Pinnock, Alister E. McGrath et al., 「다원주의 논쟁」 서울: CLC, 2001.

Klooster, Fred H. *A Mighty Comfort.* 「하이델베르크 요리문답에 나타난 기독교 신앙」 서울: 엠마오, 1993. 개정역. 「하나님의 강력한 위로」. 서울: 토라, 2004. 개정판. 나눔과 섬김, 2015. 재개정역. 서울: 도서출판 개혁, 2021.

Ladd, G. E. *Last Things.* 「마지막에 될 일들」 서울: 엠마오, 1983. 개정역. 「개혁주의 종말론 강의」 서울: 이레서원, 2000. 개정역, 「조지 래드의 종말론 강의」, 2017

Lee, F. Nigel. *The Origin and Destiny of Man.* 「성경에서 본 인간」 서울: 엠마오, 1984. 개정역. 서울: 토라, 2006.

Melanchton, Philip. *Loci Communes, 1555.* 「신학 총론」 서울: 크리스천 다이제스트사, 2000.

Morris, Leon. *Cross in the New Testament.* 「신약의 십자가」 서울: CLC, 1987.

_____. *Cross of Christ.* 조호영과의 공역. 「그리스도의 십자가」 서울: 바이블리더스, 2007.

Noll, Mark and Wells, David, Eds. *Christian Faith and Practice in the Modern World* 「포스트모던 세계의 기독교 신학과 신앙」 서울: 엠마오, 1994.

Packer, J. Ⅰ. *Freedom, Authority and Scripture.* 「자유, 성경, 권위」 서울: 엠마오, 1983.

Reymond, Robert L. *The Justification of Knowledge.* 「개혁주의 변증학」 서울: CLC, 1989.

Selderhuis, Herman. 「우리는 항상 죽음을 향해 가고 있다」. 수원: 합신대학원 출판부, 2019.

Stibbs, A. M. and Packer, J. Ⅰ. *The Spirit Within You.* 「그리스도인 안에 계신 성령」 서울: 웨스트민스터 출판부, 1996.

Van Til, Cornelius. *The Reformed Pastor and Modern Thought.* 「현대사상과 개혁신앙」 서울: 엠마오, 1984. 개정역. 서울: SFC, 2009.

_____. *An Introduction of Systematic Theology.* 「개혁주의 신학 서론」 서울: CLC, 1995. 강웅산과의 개정역. 서울: 크리스챤, 2009.

Vos, Geerhardus. *Biblical Theology.* 「성경신학」 서울: CLC, 1985; 개정판, 2000.

_____, *Self-Disclosure of Jesus.* 「예수의 자기 계시」 서울: 엠마오, 1987. 개정역. 서울: 그 나라, 2014.

_____, *Pauline Eschatology.* 오광만 교수와 공역. 「바울의 종말론」 서울: 엠마오, 1989.

Weber, Robert. *Secular Saint.* 「기독교 문화관」 서울: 엠마오, 1985. 개정역. 토라, 2008.

Wells, David. *The Person of Christ.* 「기독론: 그리스도는 누구신가?」 서울: 엠마오, 1994. 개정역. 서울: 토라, 2008. 개정판. 서울: 부흥과 개혁사, 2015.

Yandel, Keith E. *Christianity and Philosophy.* 「기독교와 철학」 서울: 엠마오, 1985. 개정역. 서울: 이컴비즈니스, 2007.